DUMONT

RADELZEIT IN & UM HAMBURG

Herrlich entspannte Touren zum Runterschalten & Genießen

Stefanie Sohr

STEFANIE SOHR

ÜBER MICH

... vor einiger Zeit wurde es bei mir im Dreh ziemlich still. Wo früher Autos auf Parkplatzsuche Runde um Runde kurvten, höre ich es jetzt nur noch ab und zu klingeln – und in der Ferne Nebelhörner und Möwengeschrei. Seit der Verkehrslärm einer Fahrradstraße gewichen ist, lebe ich noch lieber in Hamburg. Hier schreibe ich Bücher über die Große Freiheit und kleine Fluchten im Norden und blogge auf indernaehebleiben.de von meinen Lieblingsmeeren.

Persönliche Cruiser-Erkenntnis:

» **In und um Hamburg läuft es meistens glatt.**

LIEBE LESERIN, LIEBER LESER,

Ra-del(n)? Mal ehrlich, das klingt für Nordlichter doch irgendwie seltsam. So wie Dirndl. Adel. Musikantenstadel. Alles Dinge, die wir hier oben nicht kennen. In Hamburg sagt man ja Radfahren. Doch das ist nicht ganz das Gleiche.

Radeln ist entspannter, weniger zielgerichtet. Ein Durch-die-Gegend-Gaukeln. Ein Sommersonntagsjux. Ein reines Vergnügen. So wie Rodeln eben. Bloß ohne Schnee und ohne Berge. Davon können wir ja auch nicht gerade ein Lied singen.

Aber eben deshalb ist Hamburg eine Top-Radelregion. Denn wo rollte es sich leichter als auf flunderflachen Windpisten, entlang grasgrüner Deiche und auf Wegen dicht am Wellenrand und Waterkant?

Also, schnell das Radel aus dem Stadel geholt und ab durch die Mitte!

Viel Spaß dabei wünscht

INHALT

UND SONST SO?

UNTERWEGS AUF DEN SCHÖNSTEN STRECKEN …

BICYCLE RACE

» Die Strecke von der Oberhafenbrücke bis zur Tatenberger Schleuse ist so spannend wie ein Crescendo von Queen und so mühelos wie der Gesang von Freddie. Tour 2, Schleifentour in die Vier- und Marschlande, S. 24

ERST DIE ARBEIT UND DANN

» Einige Aufs und Abs zu Beginn. Dann easy-peasy bis Rothenhusen und so dicht am Wasser entlang, dass man die Wellen glucksen hört. Baden? Ist jederzeit drin. Tour 6, Ratzeburger Seenradtour, S. 64

SCHMETTERLINGE IM BAUCH

» Wenn man am Grabauer Forst auf den längsten Obst- und Gehölzpfad Europas trifft, ist es, als würde man in einen Blütentunnel tauchen. Tour 4, Von Bargteheide nach Bad Oldesloe, S. 44

DEICHKIEKER ON TOUR

» Auf dem Deich hat man den absoluten Überblick. Schwingt er zudem so elegant durch die Wiesen wie zwischen Winsen und Stöckte, ist alles perfekt. Tour 9, Von Winsen (Luhe) nach Bergedorf (Bille), S. 94

SCHÖNSTE SCHIEBESTRECKE

» Kaum hat man die Elbe bedauernd verlassen, verliebt man sich in die Stör. Und zwar bis über beide Ohren. Spätestens dann, wenn man rund 400 Meter schieben muss. Tour 14, Rundtour von Glückstadt durch die Krempermarsch, S. 144

JENSEITS VON ELMSHORN

» Sind es die Kilometer durch die Seestermüher Marsch gleich hinter der Stadt? Oder die ab Langes Tannen bis zum Ortseingang? Ganz ehrlich: alle Etappen. Tour 16, Rundtour durch die Seestermüher Marsch, S. 164

LITTLE UTOPIA

» Vor dem Deich fühlt man sich gut geschützt. Zwischen Este-Sperrwerk und Hinterbrack bekommt man eine Idee vom Leben ohne Autos, Lärm und Gestank. Tour 13, Von Finkenwerder ins Alte Land und zurück, S. 134

ALLE TOUREN IM ÜBERBLICK

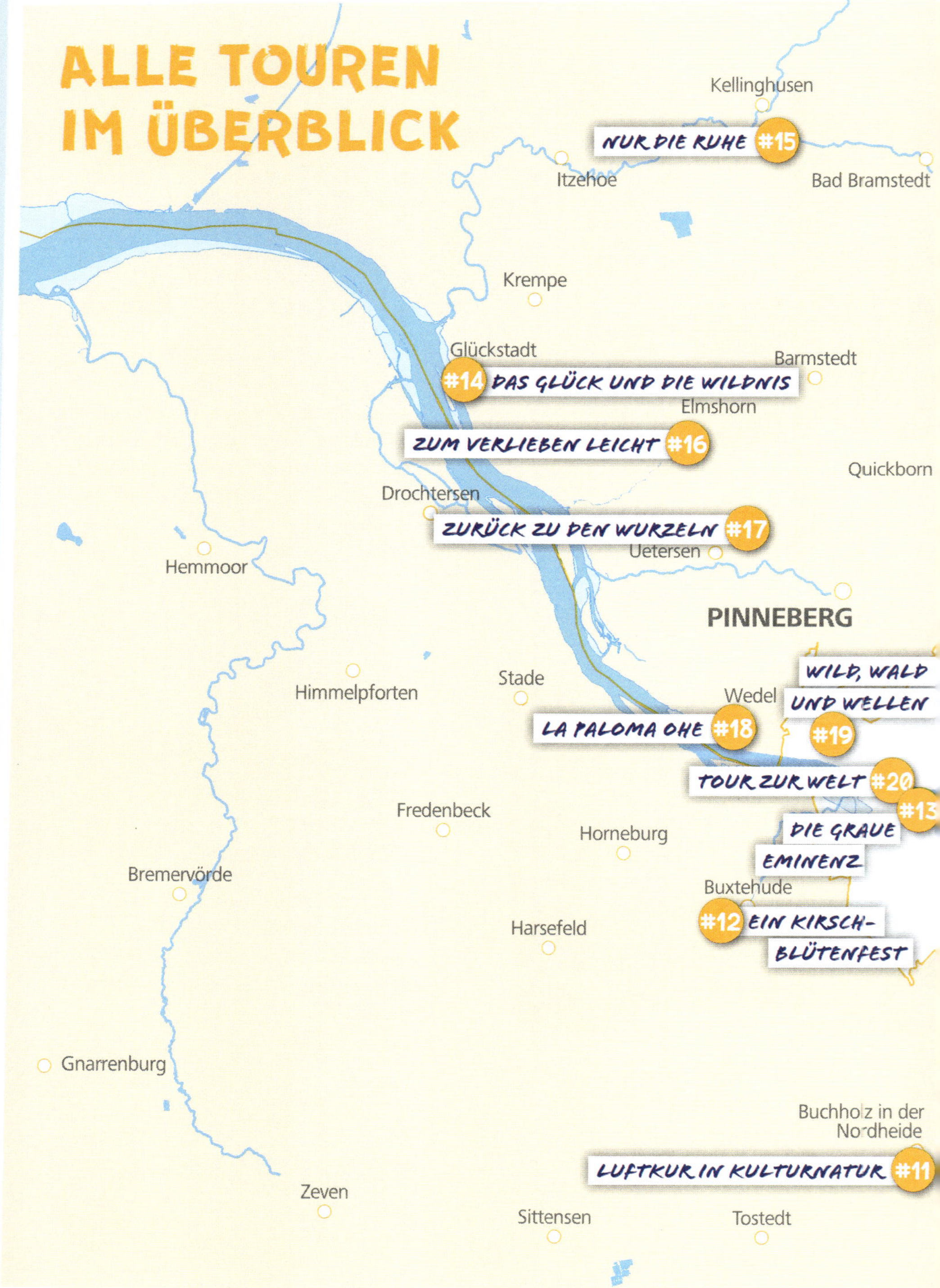

Wardersee
Hemmelsdorfer See
Wahlstedt
Bad Segeberg
Bad Schwartau
LÜBECK
Reinfeld (Holstein)
Bad Oldesloe
Henstedt-Ulzburg
Großer Ratzeburger See
Bargteheide
#4 DRAUSSEN IM GRÜNEN
Ratzeburg
Norderstedt
DAS LEBEN IST EIN KLARER SEE #6
#3 WALDDÖRFERTOUR
Küchensee
Mölln
BERG- UND KANALFAHRT #7
HAMBURG
#2 DAS IST WIE FLIEGEN
1 BUENA VISTA CYCLIST CLUB
#5 SOMMER DAZUMAL
Reinbek
Schwarzenbek
#8 DIE GROSSE FREIHEIT
10 EIN TAG. EIN RAD. KEIN PLAN
Geesthacht
Seevetal
Lauenburg/Elbe
Boizenburg/Elbe
Winsen (Luhe)
#9 FLUSSFAHRT MIT STORCH
Bleckede
Lüneburg

... UND AUCH PAUSE MACHEN NICHT VERGESSEN

» Wenn die Wolken sich im Quickborner Himmelmoor spiegeln, fühlt man sich wie Nils Holgersson auf seiner Reise mit den Wildgänsen. Tour 17, Stopp 2 + 3, S. 179 & 180

» Der Schnack von der schönsten Stadt der Welt mag übertrieben sein. Aber einen hübscheren Müllberg als den in Georgswerder findet man ehrlich schwerlich. Tour 1, Stopp 2, S. 19

» Der Hafen von Glückstadt macht seinem Namen alle Ehre. Umso besser, dass das Herzensprojekt von Christian IV. gleich bei zwei Touren auf der Liste steht. Tour 14, Stopp 6 & Tour 18, Stopp 6, S. 151 & 191

DAS QUAKEN DER FRÖSCHE

» Jeder Stopp dieser Tour gehört ins Best-of. Im Frühling ganz besonders die historische Lindenallee, wo Froschkönige zum Hochzeitstanz bitten. Tour 16, Stopp 2, S. 169

DIE KUNST ZU LEBEN

» Ein hundertjähriges Refugium inmitten der Heidestille. Was das Künstlerpaar Bossard schuf, und auch, wo sie irrten, ist bis heute absolut relevant. Tour 11, Stopp 2, S. 118

MALERISCH BIS IN DETAIL

» Stilvoller kann man eine Postkarte nicht auf Reisen schicken, als sie in einen der historischen blauen Briefkästen in der Lauenburger Altstadt einzuwerfen. Tour 8, Stopp 3, S. 89

DIE VERSCHWUNDENE KALKHÜTTE

» Die einen erleben diesen umgenutzten Ort als terrassierten Campingplatz mit Traumblick. Die anderen als schönschrägste Badestelle am Märchenwaldrand. Tour 6, Stopp 5, S. 70

EINFACH LOSRADELN

DIE RADELPAUSEN

» START
U-Bahn Rathaus

KM 2
1 View Point Baakenhafen
Auf den Ausguck klettern

KM 7,5
2 Energieberg Georgswerder
Panoramarunde an der Reling

KM 17
3 Harburger Binnenhafen
Olle Pötte kieken

1

BUENA VISTA CYCLIST CLUB

Auf den Velorouten über die Elbinseln

Am Wochenende, wenn citynahe Lieblingsorte zu touristischen Attraktionen mutieren, verwandeln sich Hamburgs Kita-, Schul- und Arbeitsradwege in fixe, kleine Fluchten aus dem Getümmel. Etwa diese große Hafenrundfahrt von Hamburg nach Harburg und zurück.

KM 18,5

4 Inselpark
Chill mal den Landgang

KM 23,5

5 Uferpark
Kultur-Leuchttürme knipsen

KM 29

6 Landungsbrücken
Fischbrötchen-Finale einläuten

KM 29,5 » ZIEL

S-Bahnhof Landungsbrücken

NICHTS GEGEN NEW YORK CITY, ...

» ... aber ab und zu ist es auch ganz schön, in einer Stadt zu erwachen, die eben doch mal schläft. Sonntags, wenn Hamburg am längsten in den Puppen liegt, startet man morgens schön sutsche (entspannt) am **Rathaus** und ist längst ab durch die Mitte, bevor die Touristenströme die **HafenCity** fluten. Es läuft einfach auf der Veloroute 10, einer der zwölf Schnellrollpisten, die sich sternförmig von der Innenstadt in die äußeren Bezirke ziehen.

Das Veloroutennetz wurde – und wird noch – geknüpft, um es leicht zu machen, von überall nach überall mit dem Rad zu gelangen. Wenn die schöne Hansestadt mal groß ist, will sie nämlich Fahrradhauptstadt werden. Und dass sie dazu prädestiniert ist, unterschreibt man spätestens, wenn es über die **Elbbrücken** geht. Kein Hamburger Herz, das bei diesem Blick auf die Stadt nicht höherschlüge. Man kennt das ja vom ICE. Mit dem Rad lassen sich die hanseatischen Varianten der Seufzerbrücke allerding ewig auskosten. Und natürlich auch öfter. Denn nichts gegen Venedig. Doch brückenmäßig hat Hamburg einfach mehr vorzuweisen.

DAS HERZ SCHLÄGT HÖHER BEIM BLICK VON DEN ELBBRÜCKEN AUF DIE STADT

Die sechste Brücke spannt sich auf die **Veddel**. Früher stachen von der kleinen Elbinsel die großen Auswandererschiffe nach Amerika in See. Heute finden Menschen aus aller Welt hier eine Heimat, und es werden mehr als 50 Sprachen gesprochen. Die siebte Brücke leitet über die Dove-Elbe auf Europas größte Binneninsel. **Wilhelmsburg** hat sich an diesem Ende einen beinahe dörflichen Charme erhalten. Und dann geht es über die schönste von allen, die prächtige Brücke des 17. Juni, rüber nach **Harburg**.

Die Rückreise auf der Veloroute 11 führt über Inselpark und **Uferpark** zum Potsdamer Ufer im Spreehafen, der angesagtesten aller Chill-out-Areas. Und nichts gegen Berlin. Aber Elbe bleibt Elbe. Großartig, sie noch einmal auf der abenteuerlichen Klütjenfelder Radwegbrücke zu überqueren. Unter ihr durch den guten, alten **Elbtunnel** zu düsen, ist ja sowieso ein Fest für alle Hamburger Jungs und Deerns. «

Wilhelmsburger Wahrzeichen: die Windmühle Johanna.

Rollt so gut. Seit keine Autos mehr durch den Elbtunnel fahren, ist die Luft viel besser.

Mit der HafenCity expandieren auch die Radwege.

RADELN & GENIEẞEN

START

U-Bahnhof Rathaus

Innenstadt, Speicherstadt, Hafencity – die rote 10 der Veloroute leitet sicher durch die Häuserschluchten. Zwischen den Markierungen hilft ein rotes Radpiktogramm weiter.

KM 2

1 **View Point Baakenhafen**

Auf den Ausguck klettern

Vom View Point (www.hafencity.com/infocenter/view-point) an der Westspitze kann man der HafenCity schon seit Ewigkeiten beim Wachsen zuschauen – und seit Kürzerem auch dem neuen Quartier im Werden auf dem Grasbrook. Hat man sich sattgesehen, lohnt auch der Blick auf das, was direkt um den Aussichtspunkt herumliegt. Am ehemaligen Afrika-Terminal machten ab 1900 die Schiffe der Deutschen Ost-Afrika-Linie fest. Heute ist das Baakenhöft die letzte Brache der HafenCity. Wie geschaffen für Theater, Tanz und andere Aktionen. Und ungewöhnlich genug: Es existiert kein Masterplan zur dauerhaften, spezifischen Nutzung (jedenfalls wird das so gesagt). Einmal Drumrumbummeln ist nie verkehrt. Vielleicht stößt man auf eine Performance. Ein Kunstwerk. Einen inspirierenden Gedanken.

Wo quasi täglich neue Straßen entstehen, können temporäre Umleitungen nötig sein. Die Ausschilderung in der HafenCity und auf der Veddel wird dann angepasst. Achtung, achthundert Meter nach dem Auswanderermuseum geht es links in die Fiskalische Straße.

13 Meter über dem Meeresspiegel: Aussichtsplattform View Point.

Hamburgs schönster Balkon: der Panoramarundweg in Georgswerder.

Andere Häfen haben auch schöne Schiffe. Vor allem Harburg.

INSGESAMT SITZT MAN VIEL ZU SELTEN IM HARBURGER HAFEN

KM 7,5

2 Energieberg Georgswerder
Panoramarunde an der Reling

Der Müllberg ruft. Jedenfalls in der Zeit von April bis Oktober. Für die Besteigung der gigantischen ehemaligen Giftdeponie in der Fiskalischen Straße 2 muss man nicht Reinhold Messner heißen. Treppen führen auf den Gipfel, auf dem sich die Windräder drehen. Das Beste ist der Horizontweg, ein 900 Meter langer Rundkurs auf hohen Stelzen, der fantastische Ausblicke ermöglicht. Wer sich für die unrühmliche Geschichte des Müllbergs – aber auch Zeichen der Hoffnung – interessiert, erfährt Erstaunliches im Informationszentrum (www.stadtreinigung.hamburg/ueber-uns/energieberg). Das kann man sich aber auch gut auf die Bucket List für den nächsten Regentag schreiben. Dort steht das benachbarte Auswanderermuseum (www.ballinstadt.de) ja ohnehin schon.

Zurück am Niedergeorgswerder Deich immer der roten 10 nach bis zur Brücke des 17. Juni. Jenseits direkt rechts in den Hafenbezirk. Dann auf Harburger Deich und Dampfschiffsweg zum Lotsekai rollen.

KM 17

3 Harburger Binnenhafen
Olle Pötte kieken

Auf der alten Barkasse Jan hat der Museumshafen Harburg e. V. (muhahar.de) eine Heimat gefunden. Seit Langem kümmert sich die Crew um Schmuckstücke a. D. wie den Elbewer White Angel, den Dreimastschoner Fridtjof Nansen oder das Expeditionsschiff Cape Race. Wer die rührigen Mitglieder rund um die Kulturkräne und alten Güterwaggons beim Rostklopfen trifft, darf sie gern ansprechen. Schnacken gehört ausdrücklich zur Vereinsarbeit dazu – genauso wie nostalgische Gefühle beim Bummel zwischen Lotsekai und Kanalplatz.

Über Zitadellenbrücke auf Kanalplatz, links dem Straßenverlauf folgen über Veritaskai, Neuländerstraße bis zur Hannoverschen Straße. Dort stößt man auf die Veloroute 11.

KM 18,5

4 Inselpark

Chill mal den Landgang

Es ist vollkommen unvorstellbar, dass der mittige Rad- und Spazierweg im Inselpark mal eine vierspurige, vielbefahrene und extrem laute Bundesstraße gewesen sein soll. 2019 wurde die Wilhelmsburger Reichsstraße stillgelegt, um Platz für Wohnungen, Grünanlagen und die Veloroute zu schaffen. Dass so etwas Gutes tatsächlich geschieht, muss man erst mal in Ruhe sacken lassen. Kein Kaltgetränk im Rucksack? Dann ab zur Willi Villa am Kuckucksteich (www.willivilla.de). Dort lässt sich an Sonn- und Feiertagen ganz Wilhelmsburg Panini, Lolliwaffeln und Fips-Eis schmecken. Entspannter geht es an den Ufern von Mahlbusen, Küchenbrack und Rathauswettern zu, wo man sich in Blumenmeeren von Bienen in den Schlaf summen lassen kann.

Im Inselpark die Veloroute 11 mit dem Loop tauschen. Blaue Quadrate auf dem Boden führen am linken Ufer des Kanals Rathauswettern aus dem Inselpark hinaus und direkt zum Uferpark.

Der Uferpark ist der Steampunk unter den Grünanlagen.

Die sanfte Seite von Wilhelmsburg: Der Inselpark.

KM 23,5

5 Uferpark

Kultur-Leuchttürme knipsen

Es ist nie verkehrt, einen Stopp im Uferpark einzulegen. Denn irgendwas passiert immer in der kleinen, grünen Kreativzelle am Reiherstiegknie, die durch das MS Dockville (www.msdockville.de) bekannt geworden ist. Subversiv gestartet, bildet Everybody's Lieblingsfestival mittlerweile den Abschluss eines Sommers voller Musik und Kunst mit Lüttville, Slamville oder Arteville. Vor und nach der Saison luschert man gern übern Zaun, wo Kunstschaffende werkeln und Kunstwerke überwintern. Noch mehr Kunst gibt's vis a vis der Flutschutzmauer. Die monströsen Getreidespeicher gelten als Kathedralen der Industriekultur und Instagram-Must-haves.

Dem Begleitweg des Reiherstiegdeichs folgen. Wo die Fährstraße kreuzt, vereinigt er sich wieder mit der Veloroute 11. Auf ihr ist der Elbtunnel nicht zu verfehlen.

Kunst unter freiem Himmel auf dem MS Arteville.

EXTRA INFOS:

Füße im Sand, Sonne im Gesicht, entspannte Sounds im Ohr: In den Sommermonaten öffnet der ● **Beachclub Aloha Ahoi** (www.aloha-ahoi-beach.de) im Harburger Binnenhafen seine bunten Seecontainer. Die Limo ist »Harbourmade«, das Wasser glitzert, die Bocciakugeln klicken und gegrillt wird auch. Bummelig von Juni bis September läuft die Sommersause, im Winter verwandelt sich der Beachclub in den Weihnachtsmarkt HoHo Ahoi.

Die ● **Lydios** ist schon über 100 Jahre alt, aber die Kojen mit Bullaugen, Boxspringbett und Badezimmer können es locker mit modernen Hotels aufnehmen. Die schaukeln einen ja auch gar nicht so sacht in den Schlaf wie das historische Binnenschiff, wenn – selten mal – ein Motorboot vorbeituckert. Preise unter schlafenimhafen.de

KM 29

6 **Landungsbrücken**

Fischbrötchen-Finale einläuten

Wie jede Große Hafenrundfahrt muss auch diese zum Abschluss mit einem Fischbrötchen auf den Landungsbrücken gekrönt werden. Gegen Abend rollt es sich besonders gut durch den Elbtunnel zum Wasserbahnhof. Dort machen sich die letzten Tages- und Urlaubsgäste Gedanken über den Heimweg, und vor den beliebtesten Locations ist sogar wieder ein Platz zu finden. Angefangen vom Tourismusmagneten auf der Brücke 10 (bruecke10.com) bis zur smarten Variante in der Dependance des Schanzentempels Underdocks (under-docks.de). Oder ein ganz klassisches Lokal irgendwo dazwischen. Hauptsache Fischbrötchen.

Der letzte Stopp darf lang oder noch länger ausfallen. Von den Landungsbrücken ist der gleichnamige S-Bahnhof in Minuten zu erreichen. Selbst schiebend.

KM 29,5 » ZIEL

S-Bahnhof Landungsbrücken

Krabben, Matjes, Aal – egal. Hauptsache Fischbrötchen.

START U-Bahnhof Rathaus
ZIEL U-/S-Bahnhof Landungsbrücken
6 Fischbrötchen bei den Landungsbrücken
1 ViewPoint Baakenhafen
2 Energieberg Georgswerder
IMMER AN DER KAIKANTE LANG
AB AUF DIE INSELN
DIE BERGETAPPE DER TOUR
HAMBURG
ST. PAULI
ST. GEORG
NEUSTADT
BORGFELDE
HAMM
HAMMERBROOK
HAFENCITY
STEINWERDER
KLEINER GRASBROOK
ROTHENBURGSORT
VEDDEL
Wilder Wald
Niedergeorgswerder
Norderelbe
Segelschiffhafen
Südwesthafen
Querkanal
Moldauhafen
Hansahafen
Saalehafen
Baakenhafen
Oberhafenkanal
Veddelkanal
Spreehafen
Oderhafen
Roßhafen
Travehafen
Reiherstieg
Neuhöfer Kanal
Ernst-August-Kanal
Hovekanal
Billwerder Bucht
Mittelkanal
Südkanal
Bille
Bullenhuser Kanal
Billekanal
Alsterkreuzfahrt
Zollkanal
NSG
A 255
B 3

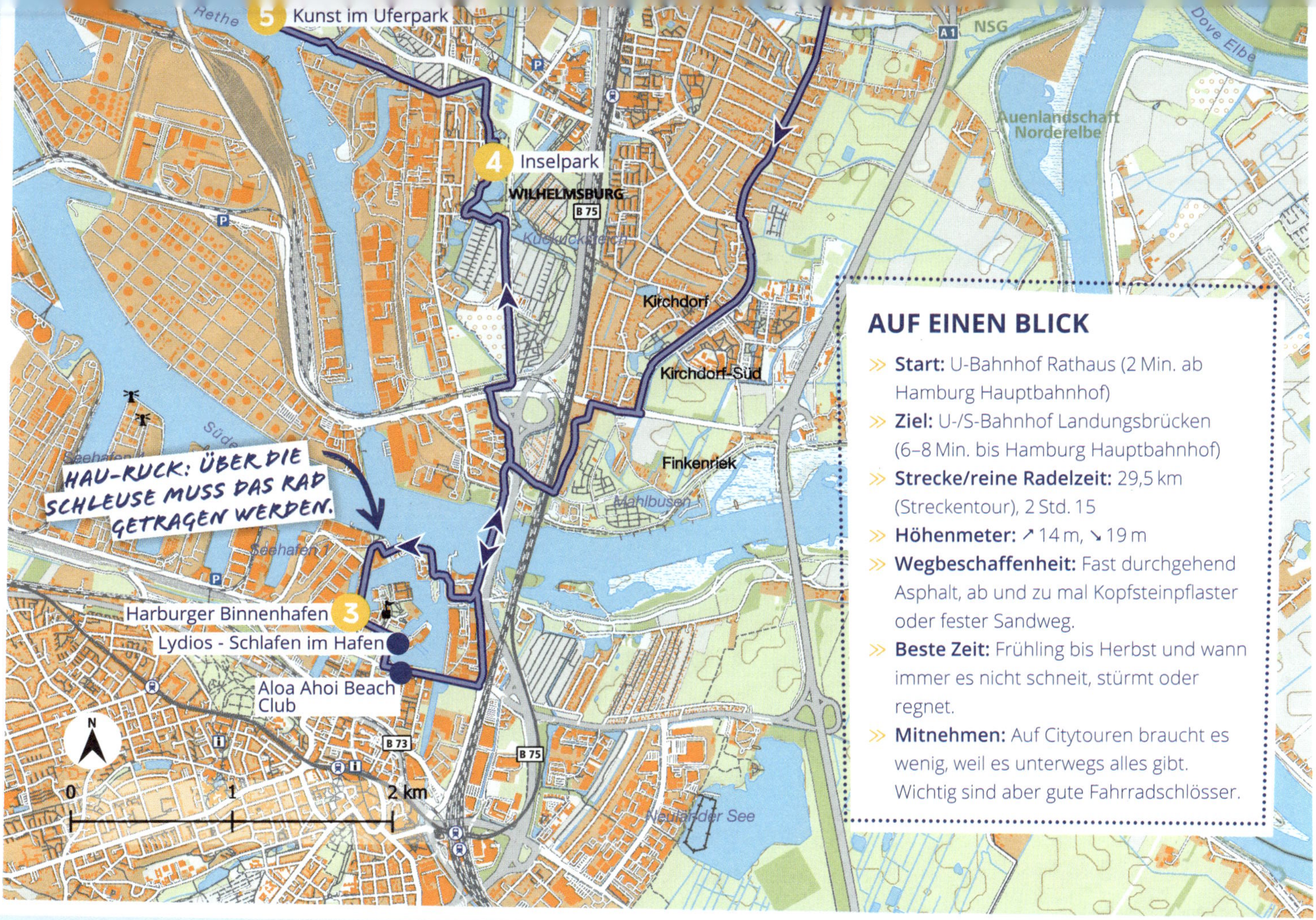

AUF EINEN BLICK

» **Start:** U-Bahnhof Rathaus (2 Min. ab Hamburg Hauptbahnhof)

» **Ziel:** U-/S-Bahnhof Landungsbrücken (6–8 Min. bis Hamburg Hauptbahnhof)

» **Strecke/reine Radelzeit:** 29,5 km (Streckentour), 2 Std. 15

» **Höhenmeter:** ↗ 14 m, ↘ 19 m

» **Wegbeschaffenheit:** Fast durchgehend Asphalt, ab und zu mal Kopfsteinpflaster oder fester Sandweg.

» **Beste Zeit:** Frühling bis Herbst und wann immer es nicht schneit, stürmt oder regnet.

» **Mitnehmen:** Auf Citytouren braucht es wenig, weil es unterwegs alles gibt. Wichtig sind aber gute Fahrradschlösser.

DIE RADELPAUSEN

» START
Hauptbahnhof

KM 4
1 Entenwerder 1
Erst mal Fofftein machen

KM 5,5
2 Wasserkunst Kaltehofe
Der Natur näherkommen

KM 19,5
3 Kirchwerder Wiesen
Das Gras wachsen hören

2 DAS IST WIE FLIEGEN

Schleifentour in die Vier- und Marschlande

Lange nicht (oder noch nie) 50 Kilometer geradelt? Dann ist Hamburgs Blumen- und Gemüsegarten die richtige Adresse, um es auszuprobieren. Es rollt sich nämlich wirklich mühelos im Marschland. Ob's die volle Strecke wird, entscheidet sich unterwegs.

KM 31,5

4 Al Lago
Volare. Mangiare. Cantare.

KM 38

5 Paddel-Meier
Tiefentspannt beim Floating

KM 42

6 Die Hohe und die Reit
Im Slalom durch den Dschungel

KM 53 » ZIEL
U-Bahnhof Rothenburgsort

SCHNELLER INS GRÜNE

»Während die Velorouten möglichst viele Menschen mit dem Radwegnetz verbinden wollen, stehen die 14 Freizeitstrecken für möglichst wenig Bebauung und viel, viel Natur. Großartig ist etwa die Route 5. Je nachdem, wann Karten und Internetseiten das letzte Update erfahren haben, empfehlen sie unterschiedliche Startpunkte.

Am besten ist es, einfach **vom Hauptbahnhof zu den Deichtorhallen** runterzurollen, um am Oberhafen auf die Flutschutzmauer zu wechseln. Über Schleusen und unter Brücken hindurch in den Osten zu sausen, kommt dem Traum vom Fliegen schon ziemlich nah. Auch wenn man die einzige Person weit und breit scheint, die weder auf Tour-de-France-Niveau, noch mit entsprechendem Equipment in den **Elbpark Entenwerder** düst.

FÜHLT SICH AN WIE FLIEGEN: AUF DER FLUTSCHUTZMAUER IN DEN OSTEN SAUSEN!

Erst einmal auf der **Elbinsel Kaltehofe** gelandet, hat man kapiert, was die Profis anzieht. Weitgehend autofrei eignet sich die Freizeitroute 5 maximal als Rennstrecke. Ob Vollprofis aber das Blöken der Schafe auf dem Deich überhaupt noch wahrnehmen und die vielstimmigen Vogelkonzerte genießen, ist eine andere Frage. Bald muss man selbst ein bisschen aufpassen, dass man auf dem schnurgeraden und flunderflachen **Marschbahndamm** nicht zu schnell wird. Zwei, drei Mal kreuzt eine Straße die alte Trasse der Marschbahn. Einmal in **Fünfhausen**, wo der niedliche, frühere Bahnhof ein Knotenpunkt ist. Hier könnte man die Tour um knapp 15 Kilometer rund um die **Kirchwerder Wiesen** abkürzen und stattdessen direkt mit Stopp 4 weitermachen.

Wo auch immer man wendet, zurück geht es auf der Bergedorfer Rosenroute. Hier fliegt man nicht mehr pfeilschnell und zielgerichtet wie die Wanderfalken am Himmel, sondern zieht schwalbenartig in weiten Bögen, legt sich mit dem Deich in die Kurven, mal von Bäumen beschattet, mal in Straßendörfern, mal mit endlosem Fernblick in die weite Marsch, und manchmal blitzt auch die **Gose-Elbe** zwischen dem Grün hervor. Richtig nah kommt man ihr dort, wo sie sich mit der **Dove-Elbe** vereinigt. Kurz vor dem Ende dieser Tour.«

Flutschutzmauern geben hervorragende Radpisten ab.

Huckleberry-Finn-Feeling im Billwerder Holzhafen.

RADELN & GENIEẞEN

Das Krächzen der Kormorane ist hinterm Deich das lauteste Geräusch.

START

Hauptbahnhof

Vom Ausgang Glockengießerwall geht es über Steintorwall und Klosterwall zu den Deichtorhallen. Und dann immer der grünen 5 nach.

KM 4

1

Entenwerder 1

Erst mal Fofftein machen

Kein Profi zu sein, hat seine Vorteile. Etwa, dass man so viele Pausen einlegen darf, wie man mag. Zum Beispiel im schwimmenden Café Entenwerder 1 (www.entenwerder.com), das nicht zu den bekanntesten Geheimtipps von Hamburg gehört. Einerseits so abgelegen, dass man nicht jeden Tag vorbeikommt. Andererseits so lauschig, dass man nicht vorbeikommen kann, ohne erfreut über die alte Brücke zu hüpfen. Vor allem am Wochenende ist es dort zum ersten oder zweiten Frühstück am schönsten. Zwar scheint es verführerisch, den Besuch aufs Ende dieser Tour zu verschieben, um den Tag mit einem Sundowner im Goldenen Pavillon zu krönen. Doch dann ist die Schlange am rosa Kiosk in der Regel länger als am Vormittag. Viel länger. Und manchmal ist auch kein Platz mehr zu ergattern.

Vom Ponton ist das Sperrwerk schon zu sehen, das nebenbei als Brücke zur Elbinsel Kaltehofe fungiert.

Nach körperlicher Anstrengung machen Hafenarbeiter traditionell Fofftein (15 min Pause).

KM 5,5

2 Wasserkunst Kaltehofe

Der Natur näherkommen

In die romantischen Schieberhäuschen auf dem Gelände des alten Filtrationswerks in der Billwerder Bucht haben sich schon viele auf den ersten Blick verliebt. Die eigentliche Attraktion ist aber die Natur. Sie hat sich seit den 1990er-Jahren zurückerobert, was über viele Jahrzehnte der Nutzung unterworfen war. Nur ein kleiner Teil der Elbinsel darf überhaupt betreten werden. Und das auch nur zu den Öffnungszeiten (wasserkunst-hamburg.de). Dann ist der interaktive Naturerlebnispfad kostenfrei zugänglich.

Immer geradeaus. An der Tatenberg-Schleuse ein bisschen aufpassen beim Überqueren der Straße. Auch PKWs und LKWs brettern über das Drehkreuz aller Radfahrenden. Jenseits geht es dafür dann wieder autofrei weiter.

860 Hektar Natur; durchzogen von ökologisch wertvollen Gräben.

KM 19,5

3 Kirchwerder Wiesen

Das Gras wachsen hören

So richtig merkt man es gar nicht, dass sich der Marschbahndamm hinter Fünfhausen durch eine andere Landschaft zieht als zuvor. Erst wenn man weiß, dass die Kirchwerder Wiesen nach dem Wattenmeer das zweitgrößte Naturschutzgebiet Hamburgs sind, fällt der Unterschied ins Auge. Zehn Infotafeln erklären, was die vielen Gräben in den geschützten Wiesen ökologisch bedeuten. Gleich hinterm Hover See hilft eine Übersichtskarte und eine Bank mit Blick über eine der ältesten Kulturlandschaften Norddeutschlands. Mit Ruhe erkennt man es dann doch: Hier summt und brummt es vielfältiger, klappern mehr Störche, kreisen mehr Falken am Himmel, und nur hier brüten noch Trauerschwalben in Hamburg.

Dem Kirchwerder Marschbahndamm bis zum Kirchwerder Mühlendamm folgen. Von ihm zweigt bei Kilometer 26 der Fersenweg links ab, auf dem es zurück nach Fünfhausen geht.

KM 31,5

4 Al Lago

Volare. Mangiare. Cantare.

Wer Ausdauersport betreibt, braucht Kohlenhydrate. Das kennt man ja vom Hansemarathon. Zwar kann die Marschbahndamm nicht mit so vielen Verpflegungsstellen aufwarten wie das Langstreckenfestival, doch an einer kommt man dafür gleich zweimal vorbei (nach 17 und 32 Kilometern). Im ehemaligen Bahnhof von Fünfhausen gibt's eine klassisch italienische Karte, Italo-Classics aus den Boxen und für die Vierlande vollkommen unkonventionelle Öffnungszeiten – nämlich beinahe täglich und dann auch noch durchgehend warme Küche. Allein schon die Lage am See lohnt die Einkehr: ristorante-al-lago.metro.rest

Den Durchdeich bis zum Ende durch. Links in die Heinrich-Osterath-Straße, wo schon nach wenigen Metern Paddel-Meier lockt.

Die Pfade in der Reit sind zu schmal für Reifen.

Im Radsport sind Kohlenhydrate ein wichtiger Energielieferant.

KM 38

5 Paddel-Meier

Tiefenentspannt beim Floating

Die Vier- und Marschlande nennt man auch das Dreistromland Hamburgs. Auf der Bille und den Elbe-Nebenarmen Gose-Elbe und Dove-Elbe sowie in Kanälen und Durchstichen lassen sich die herrlichsten Rundkurse absolvieren. Und Paddel-Meier kennt sie alle. Schon seit 40 Jahren residiert der Familienbetrieb an der beinahe strömungsfreien Gose-Elbe, die in weiten Schwüngen durch die Landschaft mäandert. Die Flotte reicht von Kanus über Kajaks bis zu SUP-Boards. Alles Weitere unter www.paddel-meier.de

Weiter geht es auf der Bergedorfer Rosenroute. Das verblichene Rosenpiktogramm bräuchte man eigentlich nicht. Denn die Strecke führt mal wieder nur geradeaus.

KM 42

6

Die Hohe und die Reit

Im Slalom durch den Dschungel

Die Reit (www.hamburg.de/naturschutzgebiete/reit) ist am besten zu Fuß zu entdecken. Durchwurzelter Boden, gefallene Baumstämme, urige Schlingpflanzen, Tunnel aus Beerensträuchern und Weidengebüschen machen den kurzen Spaziergang zu einem wunderbaren Slalomlauf. Vom Zugang am Reitdeich bis zur NABU-Station ist es nur ein guter Kilometer auf dem Dschungelpfad, den man genauso gerne hin wie zurück geht. Wer auch das benachbarte Amphibienparadies die Hohe ohne Rad erleben möchte, kommt insgesamt auf knapp 4,5 Kilometer. Der Weg um die von Dove- und Gose-Elbe umarmte Landspitze ist alles andere als schwer zu finden. Schon gar nicht nach einem Blick auf die Karte gleich links vom Reitdeich.

Der Rosenroute bis Tatenberger Schleuse folgen. Links auf den Moorfleeter Deich bis zum Holzhafen. Von dort so dicht wie möglich an der Wasserkante weiter. Ab dem Sperrwerk ist die U-Bahn Rothenburgsort ausgeschildert.

EXTRA INFOS:

Der Erfrischungsraum der ● **Großtankstelle Brandshof** (www.tankstelle-brandshof.de) ist schon bei Kilometer 2,5 erreicht. Das mag etwas zu früh für einen Kaffee erscheinen, aber mindestens, wer das 50-Jahre-Schätzchen nicht kennt, sollte unbedingt mal reingucken: tankstelle-brandshof.de

Wer die volle Runde dreht, freut sich am Wendepunkt dieser Tour auf die Riepenburger Mühle, die schon seit 1318 ihre Flügel dreht. Im entzückenden ● **Café Molina** (www.cafemolina.de) wird der Kaffee frisch aufgebrüht und der Blechkuchen des Tages selbstverständlich selbst gebacken: cafemolina.de

KM 53 » ZIEL

U-Bahnhof Rothenburgsort

Hin-und-zurück-Tour kein Problem. Die Gose-Elbe ist nahezu strömungsfrei.

START Hauptbahnhof
Großtankstelle Brandshof
ZIEL U-Bahnhof Rothenburgsort
Entenwerder 1
Wasserkunst Kaltehofe
KAMMERKONZERT DES KORMORANCHORS
SCHNURGERADE UND FLUNDERFLACH
ST. PAULI
OTTENSEN
ALTONA
OTHMARSCHEN
BORGFELDE
ROTHENBURGSORT
STEINWERDER
HAMBURG
VEDDEL
WALTERSHOF
FRANCOP
ALTENWERDER
WILHELMSBURG
TATENBERG
MOORBURG
SPADENLAND
HAUSBRUCH
NEULAND
Lustberg 40
Harburger Schloss
HEIMFELD
HARBURG
EISSENDORF
HAGOLT
GUT MOOR
WILSTORF
EHESTORF
MARMSTORF
Burgberg 45
Langer Stein 129
Agenthügel 80
LANGENBEK
RÖNNEBURG
Fuchsberg 60
SINSTORF
LÜRADE
Räuberberg 45
Kattenberg 58
Elbe
Köhlbrand
Vorhafen
Dock Elbe 17
Segelschiffhafen
Oderhafen
Spreehafen
Neuhöfer Kanal
Neuhöfer Hafen
Reiherstieg
Blumensandhafen
Hohe-Schaar-Hafen
Kuckuckstieg
Seehafen 3
Seehafen
Mahlbusen
Süderelbe
Neuländer See
Mittelkanal
Billwerder Bucht
Auenlandschaft Norderelbe
Graben 340
See im Großen Moor
Seeve
B 3
B 75
A 7
A 1
A 261
Ring 2
NSG
0
1
2 KM
N

AUF EINEN BLICK

- **Start:** Hamburg Hauptbahnhof
- **Ziel:** S-Bahn Rothenburgsort (ca. 5 Min. bis Hamburg Hauptbahnhof)
- **Strecke/reine Radelzeit:** 53 km (Rundtour), 3 Std. 30. Kann auf 35 km verkürzt werden.
- **Höhenmeter:** ↗ 14 m, ↘ 20 m
- **Wegbeschaffenheit:** 1a-Asphalt zumeist.
- **Beste Zeit:** Fürs Auge am schönsten in den Sommermonaten. Zum Radeln eignet sich die Tour aber auch ganzjährig. Bloß windstill sollte es sein. Und trocken.
- **Mitnehmen:** Fernglas für Vogelbeobachtungen, Getränke für Durststrecken.

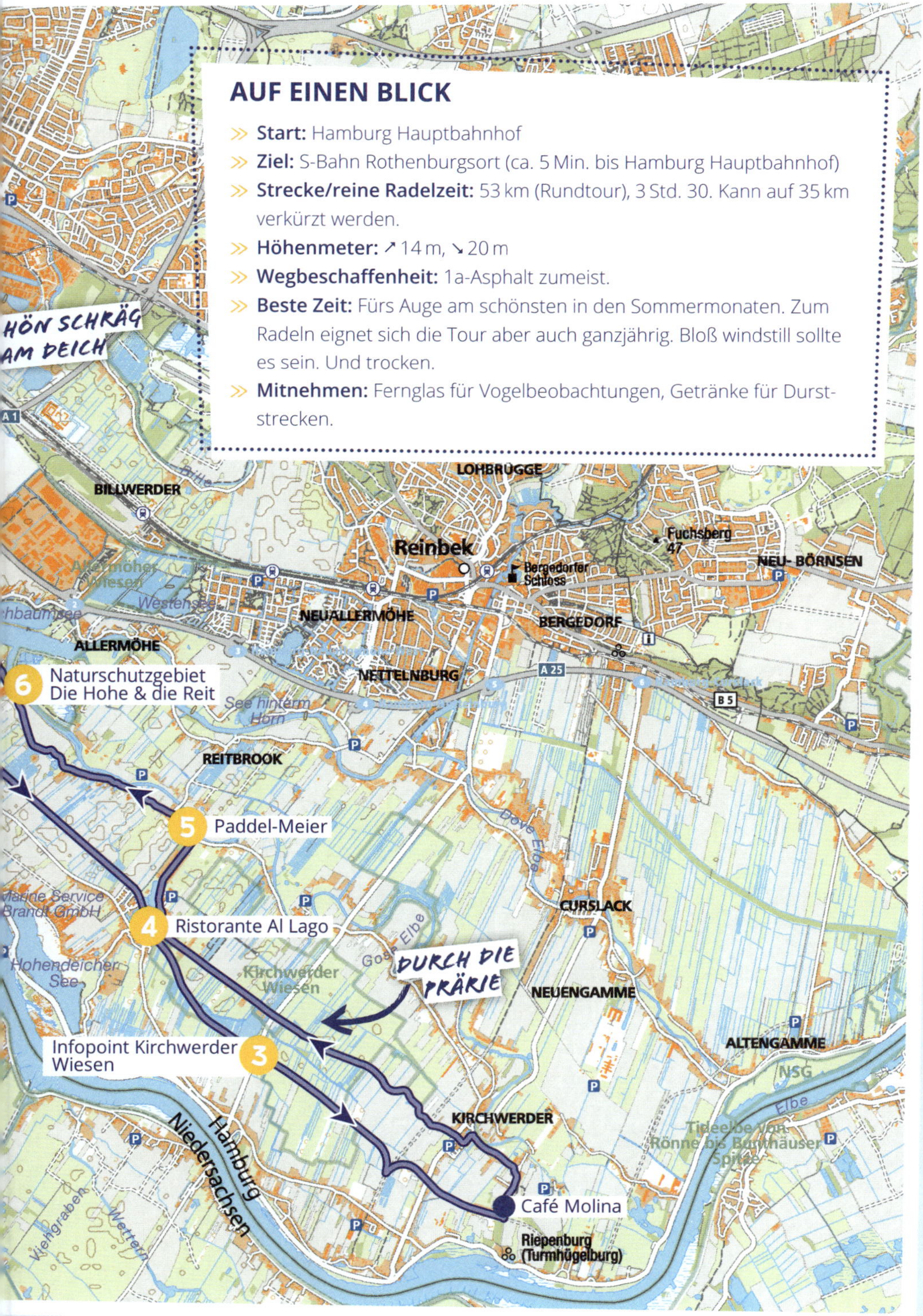

DIE RADELPAUSEN

» START
U-Bahnhof Ohlstedt

KM 11
1 Duvenstedter Brook
Auf Pirsch gehen

KM 14
2 Brook-Hus
Schlauer werden in der NABU-Ausstellung

KM 16
3 Wohldorfer Wald
Festen Boden spüren

WALD-DÖRFER-TOUR 3

Von Ohlstedt nach Poppenbüttel

Baumriesen, Bruchwälder, Bäche und die Villen der Walddörfer bestimmen diese Tour durch verschwenderisches Grün. Am nordöstlichen Ende der Stadt gaukelt man von einem Naturschutzgebiet zum nächsten und von der einen Brücke zur anderen und möchte jeden Solitär umarmen.

KM 19,5
4 Quellenhof
Biergartenpause mit Tradition

KM 21
5 Alsterlädchen
In Nachbarins Garten stöbern

KM 24,5
6 Marina Marienhof
Auf der Alster gondeln

KM 25,5 » ZIEL
S-Bahn Poppenbüttel

JE NACH PERSÖNLICHER BETRIEBSTEMPERATUR …

» … gibt's viel zu viele oder viel zu wenige wirklich heiße Tage in Hamburg. Das sind auf jeden Fall die Gelegenheiten, an denen diese kurze Tour durch die Walddörfer die richtige ist. Mehr kühlenden Schatten findet man nirgends, mehr hellgrüne Lichtspiele, stille Teiche, gurgelnde Bäche und rauschende Fließgewässer sind selten.

Komplettiert wird das Waldvergnügen durch sonnenbeschienene Wiesen, Picknickplätze und Ausflugslokale, getestet und für gut befunden von Generationen. Man kann also wenig falsch machen auf den zumeist sandigen Wegen. Los geht's aber mit Kopfsteinpflaster.

ABSOLUTE IDYLLE: IM RODENBEKER QUELLENTAL AM GLUCKERNDEN BACH ENTLANGROLLEN

Der Kupferredder zieht sich durch den **Wohldorfer Wald**. Es ist der älteste Wald der Stadt, die an diesem Ende sogar mit Industriebauten zu bezaubern weiß. Davon kann man sich bei der alten **Kupfermühle** überzeugen, bevor es auf eine großzügige Runde durch den **Duvenstedter und den Hansdorfer Brook** geht. Die »nassen« Wälder stehen genauso unter Naturschutz wie der Wohldorfer Wald. Und auch das benachbarte **Rodenbeker Quellental** ist unter Schutz gestellt. Durch dieses bezaubernde Fleckchen darf man nicht zu schnell fahren. Hier muss man einfach mal absteigen und sich an einen gluckernden Bach setzen. Die Quellen gehören zu den wenigen natürlichen Wasseraustritten im Stadtgebiet. Wobei »Stadt« die völlig falsche Begrifflichkeit für diese unberührt wirkende Idylle ist.

Wer sich in der Gegend auskennt, weiß natürlich, dass verborgen hinter Baumriesen und Hecken durchaus Leute leben. Und bald erhöht sich auch die Spaziergängerdichte auf dem **Alsterwanderweg** spürbar. Auf diesem Abschnitt radelt man im urwaldartigen **Alstertal** meist noch nicht im Stau. Das kann jenseits der rauschenden **Mellingburger Schleuse** an Schönwettersonntagen durchaus geschehen. Darum lässt man das Rad spätestens in **Poppenbüttel** auch stehen und die Tour genüsslich ausklingen – in einem Boot oder auf einem Board auf der Alster. «

Die bequemste Art durchs Alstertal zu gondeln: auf Mamas Rad.

Die Mellingburger Schleuse gehört zu den letzten historischen Alstertalschleusen.

Zwischen den Wäldern warten Picknickwiesen.

RADELN & GENIEẞEN

START
U-Bahnhof Ohlstedt

Vom Bahnhof über den Hochbahnwanderweg zum Kupferredder. Hinter der Kupfermühle rechts in den Brügkamp biegen, bei Kilometer 4,5 wieder rechts: Brookweg, bei Kilometer 10 weiter auf den Bültenkrugsweg, erste links: Langenreiherweg bis zum Duvenstedter Triftweg/Jagddamm.

Alles Wissenswerte über den Bruchwald erfährt man im BrookHus.

Klein Amazonien an der Ammersbek.

KM 11

1 **Duvenstedter Brook**

Auf Pirsch gehen

Im Herbst strömen Scharen zu den Aussichtsplattformen an der großen Brunftwiese, um dem Röhren der Hirsche zu lauschen. Im Vorfrühling locken die Trompetenrufe der Kraniche die Massen an. Zu anderen Zeiten teilt man sich das Naturschutzgebiet mit weitaus weniger Menschen. Dafür aber mit 600 Pflanzenarten und etlichen Tieren, die das Nebeneinander von Feldern, Wiesen, Mooren, Heideflächen und Bruchwäldchen bevölkern. Unter anderem 39 Libellen-, 13 Heuschrecken-, 35 Tagfalter-, zwölf Amphibien- und Reptilien-, 38 Säugetier- und fast 100 Brutvogelarten sind im Duvenstedter Brook zuhause. Vielleicht sieht man einen Seeadler hoch am Himmel oder Dachse in den Wiesen. Vielleicht hört man es aber auch nur summen, singen, quaken oder im Unterholz rascheln. Das macht genauso froh.

Dem Duvenstedter Triftweg folgen.

Das älteste Forstrevier Hamburgs liegt im größten Waldgebiet der Stadt, dem Wohldorfer Wald.

KM 14

2 Brook-Hus

Schlauer werden in der NABU-Ausstellung

Seit 2021 darf sich das NABU-Haus das NUN-Zertifikat ans Revers heften. »NUN« steht für »norddeutsch und nachhaltig«. Womit das Programm ganz gut beschrieben ist. Die Dauerausstellung informiert über die Tier- und Pflanzenwelt im Duvenstedter Brook und im benachbarten Wohldorfer Wald. Führungen, Vorträge, Fachliteratur, Kunstausstellungen und Ausflugstipps komplettieren das Angebot. Von Dezember bis Januar hat das Brook-Hus geschlossen. Die Öffnungszeiten für den Rest des Jahres findet man online unter hamburg.nabu.de > Natur & Landschaft > BrookHus.

Der Wiesenpfad Weberstieg leitet zur Herrenhausallee. Ihr rechter Hand folgen, den Mühlenteich umrunden und auf dem Rad- und Wanderweg zurück in den Wald.

KM 16

3 Wohldorfer Wald

Festen Boden spüren

Dass Tiere und Bäume unseren Schutz brauchen, ist mittlerweile fast jedem klar. Weniger im Blickpunkt haben wir oft das, worauf wir mit Füßen treten – den Boden. Dabei enthält eine Handvoll Boden mehr Organismen, als es Menschen auf der Erde gibt. Und welches Leben überhaupt existieren kann, vom kleinsten Keimling bis zum mächtigsten Baum, richtet sich nach seiner Qualität. Zwischen Mühlenredder und Senatorenstieg finden sich zwischen den Bäumen vier Bodenprofile mit Infotafeln, die über deren Bedeutung erzählen. Spannend.

Wo der Melhopweg den Senatorenstieg kreuzt, geht es geradeaus auf den Kleinbahnwanderweg bis Timms Hege. Dort rechts bis Bredenbekstraße. Nach Querung der Beschilderung des Alsterwanderweges folgen.

Im Totholz tummelt sich jede Menge Lebendiges.

Waldmeister seit 1920: der Quellenhof im Quellental.

KM 21

5 Alsterlädchen

In Nachbarins Garten stöbern

Andere Leute haben auch schöne Gärten, denken sich ambitionierte Urban Gardener von Terrassinien und Balkonien angesichts der parkartigen Grundstücke im Alstertal. Wer ein Faible dafür entwickelt hat, kann sich im Alsterlädchen (www.alsterlaedchen.de) für die eigene Scholle inspirieren lassen. Man darf sogar klingeln und sich, wenn die Eigentümerin zugegen ist, im Garten umschauen. Er fungiert als Verkaufsfläche für alte Zinksachen, Stallfenster, Emailleschilder und andere Dinge aus Großmutters Zeiten.

Und wieder weiter auf dem Alsterwanderweg.

KM 19,5

4 Quellenhof

Biergartenpause mit Tradition

Unter den ohnehin sehr guten Einkehrmöglichkeiten auf dieser Tour ist der Quellenhof im Rodenbeker Quellental (quellenhof.hamburg) diejenige, auf die sich alle einigen können. Hier pausiert man drinnen oder draußen, auf der überdachten Terrasse, im sonnigen Biergarten oder im Schatten. Speist Gutes und Regionales von der Weide, aus dem Wasser oder dem Gemüsegarten – beispielsweise den extrem empfehlenswerten bunten Linsensalat. Die Karte reicht von gediegenen Menüs bis zu saloppen Fischbrötchen vom Kiosk. Kinder freuen sich über einen abgetrennten Spielbereich, Kaninchenställe und natürlich Eis.

Weiter auf dem Alsterwanderweg.

Fahrradkorb nicht vergessen für Andenken ans Alstertal.

Ausgleichstraining auf der Alster.

BORDVERPFLEGUNG NICHT VERGESSEN

KM 24,5

6 Marina Marienhof

Auf der Alster gondeln

KM 25,5 » ZIEL

S-Bahnhof Poppenbüttel

Wenn es auf dem Alsterwanderweg so drängelig zugeht wie im Sportstudio kurz nach Silvester, weicht man am besten aufs Wasser aus. Dort trainieren zwar auch andere ihre Armmuskeln. Aber da das Angebot an Booten und Boards begrenzt ist, bleibt es auf der Alster trotzdem ruhiger, und eine geschützte Uferstelle findet sich immer. Apropos begrenzt: Vorbuchen ist am Wochenende ratsam und ab zwei Stunden möglich. Wer den Tag auf ganz besondere Art ausklingen lassen möchte, bestellt gleich einen Picknickkorb vom The Locks dazu (www.the-locks.de). Preise, Bootstypen etc. unter marina-marienhof.de

Dem Ring 3 bis zum Alstertal Einkaufszentrum folgen, dort rechts über Heegbarg zum S-Bahnhof.

Auf dem Board zur Balance finden.

Tangstedt
Wilstedt Siedlung
Oase
Tangstedter Forst
B 432
Wulksfelde
Filtzwiese
Kuckuck
Radewiese
Duvenstedter Brook
Radelskrog
Bergkopp
NABU-Ausstellung im BrookHus
2
Stübben
Lütten Rög
NSG
Heithorst
Wohldorf
Dicken Busch
DUVENSTEDT
Wohldorfer Wald
Bodenlehrpfad Wohldorfer Wohld
3
Wittmoor
WOHLDORF-OHLSTEDT
START
U-Bahnhof Ohlstedt
Hügelgrab Bronzezeit
Ohlstedt
BERG- UND (ALSTER)TALFAHRT
4
Gasthaus Quellenhof
Lemsahl
Sackdieck
LEMSAHL-MELLINGSTEDT
Mellingstedt
VON NUN AN IST MEHR LOS
5
Alsterlädchen
BERGSTEDT
Kupferteich
Hummelsee
Vaterunserberg
Mellingburg
Möhlenbarg
In de Lieth
NSG
Hummelsbütteler Feldmark
MINI-MÄRCHEN-BURG HENNEBERG IM BLICK
Marina Marienhof
6
POPPENBÜTTEL
Füerbarg
SASEL
N
0
1
2 KM
ZIEL
S-Bahnhof Poppenbüttel

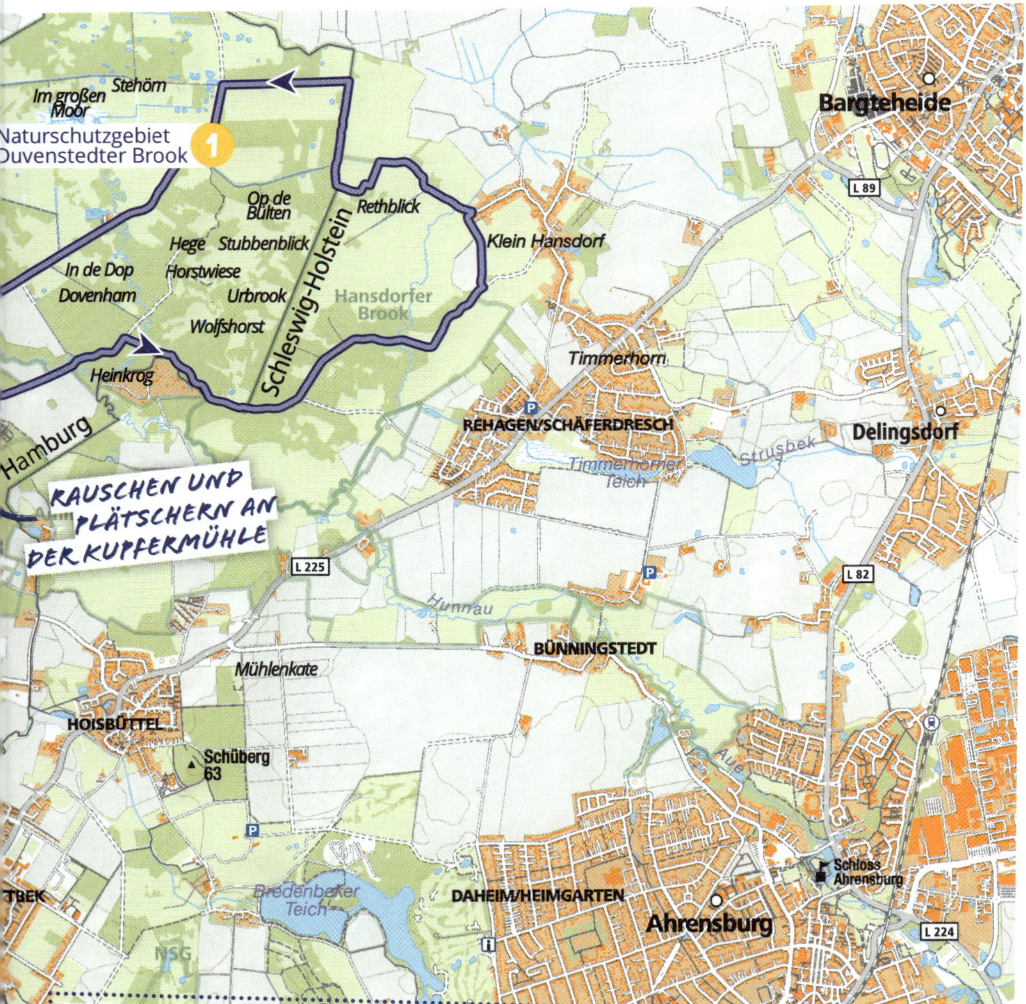

AUF EINEN BLICK

» **Start:** U-Bahnhof Ohlstedt (36 Min. ab Hamburg Hauptbahnhof)

» **Ziel:** S-Bahnhof Poppenbütel (31 Min. bis Hamburg Hauptbahnhof)

» **Strecke/reine Radelzeit:** 25,5 km (Streckentour), 2 Std.

» **Höhenmeter:** ↗ 17 m, ↘ 27 m

» **Wegbeschaffenheit:** Viel Sand- und Waldboden. Gut zu fahren, abgesehen von einigen ganz kurzen steilen Auf- oder Abfahrten.

» **Beste Zeit:** Frühling, Sommer und Herbst – wenn's länger nicht geregnet hat.

» **Mitnehmen:** Zecken- und Mückenschutz. Ein bisschen Taschengeld zur Einkehr kann nicht schaden.

DIE RADELPAUSEN

» START
Bahnhof Bargteheide

KM 0,7
1 Dorfteich Bargteheide
Geistige Erfrischung

KM 9,5
2 Grabauer Forst
Waldbaden am See

KM 10
3 An der Norderbeste
Picknick auf der Prinzeninsel

4

DRAUßEN IM GRÜNEN

Von Bargteheide nach Bad Oldesloe

Jede Menge gute Landluft und die sanft geschwungenen Wiesen, Felder und Weiden Stormarns. Auf dem Weg laden salzhaltige Quellen, gluckernde Bäche, stille Seen, Teiche, ein ganz besonderes Moor und eine alte Kurstadt dazu ein, den Tag zu vertändeln.

KM 10,5
4 Findlingsgarten Grabau
Gletschergeschichten

KM 19
5 Brenner Moor
Ab auf die Sonnenbank

KM 21
6 Kurpark Bad Oldesloe
Auf dem Salzpfad

KM 23 » ZIEL
Bahnhof Bad Oldesloe

ZU EINER LANDPARTIE MIT WASSERTUPFERN ...

» ... passt ein Weidenkorb mit Picknickdecke. Sonntags ist es besser, den Proviant bereits zu Hause zusammenzustellen. An allen anderen Tagen klappt das auch in der Rathausstraße von **Bargteheide**, wo individueller Einzelhandel noch nicht der Vergangenheit angehört.

Hier startet eine von 22 Rundtouren durch den Kreis Stormarn. Sie trägt die Nummer 7 und den Titel Zu Wasserkunst und Wassernutzen. Das Wasservergnügen beginnt schon nach etwas mehr als 500 Metern mit einer sehr speziellen Dusche. Und dann aber mal raus in die Herrlichkeit. Zwei-, dreimal in die Pedale getreten, ist man schon da. Draußen. Im Grünen.

Die Landstraße zieht sich in Kurven durch hügelige Felder, die zur Rapsblüte knallgelb leuchten. Das leichte Auf und Ab reicht gerade aus, um zu spüren, dass man etwas (Gutes für sich) tut. Hinter dem Dorf **Fischbek** wird die Straße schmaler, jenseits von **Floggensee** kommt sie ohne Asphalt aus.

ZUR BLÜTEZEIT WIE EIN SCHMETTERLING VON EINEM OBSTBAUM ZUM ANDEREN FLATTERN

Im **Grabauer Forst**, einem herrlichen Wald vornehmlich aus Buchen, locken mit dem Kinderwaldspielplatz Naturerlebnis Grabau, der **Prinzeninsel** und dem **Findlingsgarten** gleich drei Outdoorschätzchen. Und es kreuzt die alte Bahntrasse, heute **Europas längster Obst- und Gehölzlehrpfad**.

Während der Erntezeit darf man sich an den Früchten gern bedienen. Zur Blüte schwirrt man wie ein Schmetterling von einem Obstbaum zum anderen. Wenn die Zivilisation mit Straßenverkehr wieder auf sich aufmerksam macht, ist es, als würde man in einem Traum gestört. Gern macht man da in **Wolkenwehe** einen Umweg über die Grüne Brücke ins **Brenner Moor**.

Das salzhaltige Wasser (Sole) des Naturschutzgebietes ist nichts Ungewöhnliches für die Gegend. Bereits 1925 wurden sieben Solquellen rund um **Bad Oldesloe** beschrieben, wo sich die Kurgäste aus Hamburg und Lübeck der Gesundheit und Ruhe hingaben. Im alten **Kurpark** kann man es ihnen gleichtun, bevor es auf die Rückreise geht. «

Seit fünfzig Jahren nicht mehr zum Zug gekommen: die Trasse der Elmshorn-Barmstedt-Oldesloer-Eisenbahn.

Das Schöne im Alltäglichen bewusst wahrnehmen; hier: die Stockente.

Die Trave streckt ihren Altarm weit ins Brenner Moor.

RADELN & GENIEẞEN

START

Bahnhof Bargteheide

Mit dem Bahnhof im Rücken rechts bis zum Kreisverkehr. Dort weist bereits eine grüne 22 den Weg in die Rathausstraße.

Der Zufall entscheidet, was aus der Sprachdusche regnet.

KM 0,7

1 Dorfteich Bargteheide

Geistige Erfrischung

Für den Ruheplatz in der Ortsmitte hat sich der Name Wörtersee eingebürgert. Denn hier plätschert die Sprachdusche. Welche Gedanken sie einem mit auf den Weg gibt, entscheidet der Zufall. Das interaktive Kunstwerk von Matthias Berthold und Andreas Schön steht am neu gestalteten historischen Dorfteich und lässt sich per Knopfdruck aktivieren. Statt Wasser regnen dann Worte auf einen herunter. Es kann etwas Lustiges sein, Musik, ein Poetry-Slam-Text oder auch ein Streifzug durch die Geschichte des ehemaligen Feuerlöschteichs, vorgelesen von Bargteheider Schülerinnen und Schülern.

Immer der Ausschilderung nach. In Fischbek nicht die Abzweigung nach links verpassen. Dito in Floggensee. Im Grabauer Forst das Rad am besten gleich bei der Infotafel stehen lassen.

Stundenplan für Waldschülerinnen und Forstgehilfen.

Von der Norderbeste umplätschert: die Prinzeninsel.

EIN KÖNIGREICH FÜR EINE UNTERLAGE IM FEUCHTEN GRAS DER PRINZENINSEL

KM 9,5

2 Grabauer Forst

Waldbaden am See

Das Naturerlebnis Grabau (www.naturerlebnis-grabau.de) wird auch als Stormarns größtes Klassenzimmer bezeichnet. Rund um Ameisenweg, Schmetterlingsweg, Fledermausweg usw. warten Waldspielplatz, Barfußpfad, Niedrigseilgarten und mehr speziell auf kleine Naturforschende. Wer keinen Spieltrieb empfindet, lässt sich einfach vom Wald selbst bezaubern und läuft mindestens über den Käferweg zur romantischen Vogelbeobachtungshütte am See. Mit Glück sieht man Eisvogel, Seeadler oder Uferschnepfe. Wobei es auch nicht gerade ein Unglück ist, wenn man bloß von Seeblick und Vogelgezwitscher empfangen wird.

Über den Hoherdamm zur alten Wassermühle runterrollen lassen. Gegenüber leitet ein Pfad unter der alten Bahnüberführung zu den Fischteichen. Auch die verwunschene Prinzeninsel erkundet man am besten zu Fuß.

KM 10

3 An der Norderbeste

Picknick auf der Prinzeninsel

Früher hat die Norderbeste eine Mühle am Grabauer See angetrieben. Und noch früher war sie sogar mit der Alster verbunden. Heute plätschert sie ganz entzückend in ihrem Bett bei der Prinzeninsel, und eine bessere Untermalung kann es für ein Picknick gar nicht geben. Die Prinzeninsel liegt im größten von vier ehemaligen Fischteichen. Sie ist von einem Ufer über einen Damm und vom anderen über die Prinzenbrücke zu erreichen. Sollte bereits jemand anderes das kleine Eiland in Beschlag genommen haben, schnappt man sich einfach ein Schilf-Separee an den Teichen.

Zurück zum Hoherdamm, rechts halten. Der erste Abzweiger rechter Hand führt zur alten Bahntrasse – auf ihr geht es es linker Hand weiter.

Die mit der Eiszeit kamen: Findlinge im Grabauer Garten.

KM 19

5 Brenner Moor

Ab auf die Sonnenbank

Das Wasser des größten Salzmoores in Schleswig-Holstein ist so salzig wie die Nordsee. An den Quellen der Solen wachsen Pflanzen, die sonst nur am Meer vorkommen. Wenn man sich auf eine der Bänke entlang des Bohlenweges setzt, fühlt man sich eben dorthin versetzt. Dafür muss man einfach nur die Augen schließen. Dann klingt der Wind im mannshohen Schilf wie Wellenrauschen. Und die Sonne scheint einem so intensiv ins Gesicht wie sonst nur am Strand. Nur wer sich auskennt, weiß, dass da die Nachtigall singt, nicht die Lerche.

Über Heimstraße zum Wolkenweher Weg. Dort links. Dem Verlauf folgen: Schützenstraße, Königsstraße. Nach dem Heimatmuseum rechts auf den Kirchberg bis zur Kurparkallee. Links ist der Parkeingang schon zu sehen.

KM 10,5

4 Findlingsgarten Grabau

Gletschergeschichten

Wenn jemand nichts preisgeben will, nennt man ihn stumm wie einen Stein. Dabei haben Steine viel zu erzählen. Schließlich hat der jüngste Grabauer Findling schon 400 Millionen Jahre auf dem Buckel. Aber es gibt auch welche, die ihre Lebensdauer in Milliarden Jahren zählen. Den Großteil davon haben sie in ihrer skandinavischen Heimat verbracht. Es ist gerade einmal 10 000 bis eine Million Jahre her, dass sie sich auf den Weg nach Stormarn machten. Wie die 30 Kaventsmänner reisten, warum sie in Norddeutschland mehr als willkommen waren und noch viel mehr Erstaunliches erzählen Infotafeln im Findlingsgarten.

Wenn die Bahntrasse am alten Bahnhof Blumendorf endet, der Ausschilderung trauen. Man muss die laute Straße wirklich zweimal überwinden. Am Ende des folgenden Schotterweges rechts zur Wolkenweher Dorfstaße. Wo sie sich gabelt, links zur Grünen Brücke.

Um 1900 wurden am Salzteich Sommernachtsfeste inszeniert.

Auf dem ewig langen Bohlenweg im Brenner Moor ist eine Pause angesagt.

EXTRA INFOS:

Geht es nach den Florentinern, wird Europas leckerste Eissorte in Stormarn kreiert. Erdbeer-Joghurt-Keks heißt die Versuchung, die das Publikum des internationalen Gelato-Festivals restlos überzeugte und der man auf dieser Tour gleich mehrfach erliegen darf. Etwa direkt nach Start in der Bargteheider Rathausstraße. Dort kann man sich in Elvis Lounge auch ein Frühstück schmecken lassen. ● **Elvis Eiscafé** in der Mühlenstraße von Bad Oldesloe hat neben Eiscreme auch Herzhaftes auf der Karte. Mehr unter elviseis.de

Vom ● **Wanderparkplatz Zur Grünen Brücke** führt ein lohnenswerter Abstecher drei Kilometer hin und drei zurück durch die Felder über Zur Grünen Brücke und Stormarnweg in das Kloster Nütschau.

Der ● **Kleverhof** (kleverhof.de) ist der erste und letzte Hofladen für heute.

KM 21

6 Kurpark Bad Oldesloe

Dem Salzpfad folgen

Gleich beim Eingang Kurparkallee/Salinenstraße, wo die schönen, alten Villen vom einst mondänen Badbetrieb erzählen, befindet sich auch eine Übersichtskarte mit den Stationen des Salzpfades. Er führt nicht besonders stringent durch die Anlage. Gut möglich, dass man zwei, drei Runden drehen muss, um alle historischen Fotografien gesehen und Geschichten gelesen zu haben. Aber das macht nichts. So groß ist der Park nicht. Dafür aber mit etlichen schönen Ecken und Kurven beschenkt, über die man sich auch beim zweiten Mal freut. Highlights sind eine uralte, steinerne Salzwanne auf der Liegewiese und der spiegelglatte Salzsee.

Den Park beim Haus am Kurpark verlassen. Über die Bangertstraße zum Bahnhof.

KM 23 » ZIEL

Bahnhof Bad Oldesloe

Am schönsten ist die Tour im Frühling.

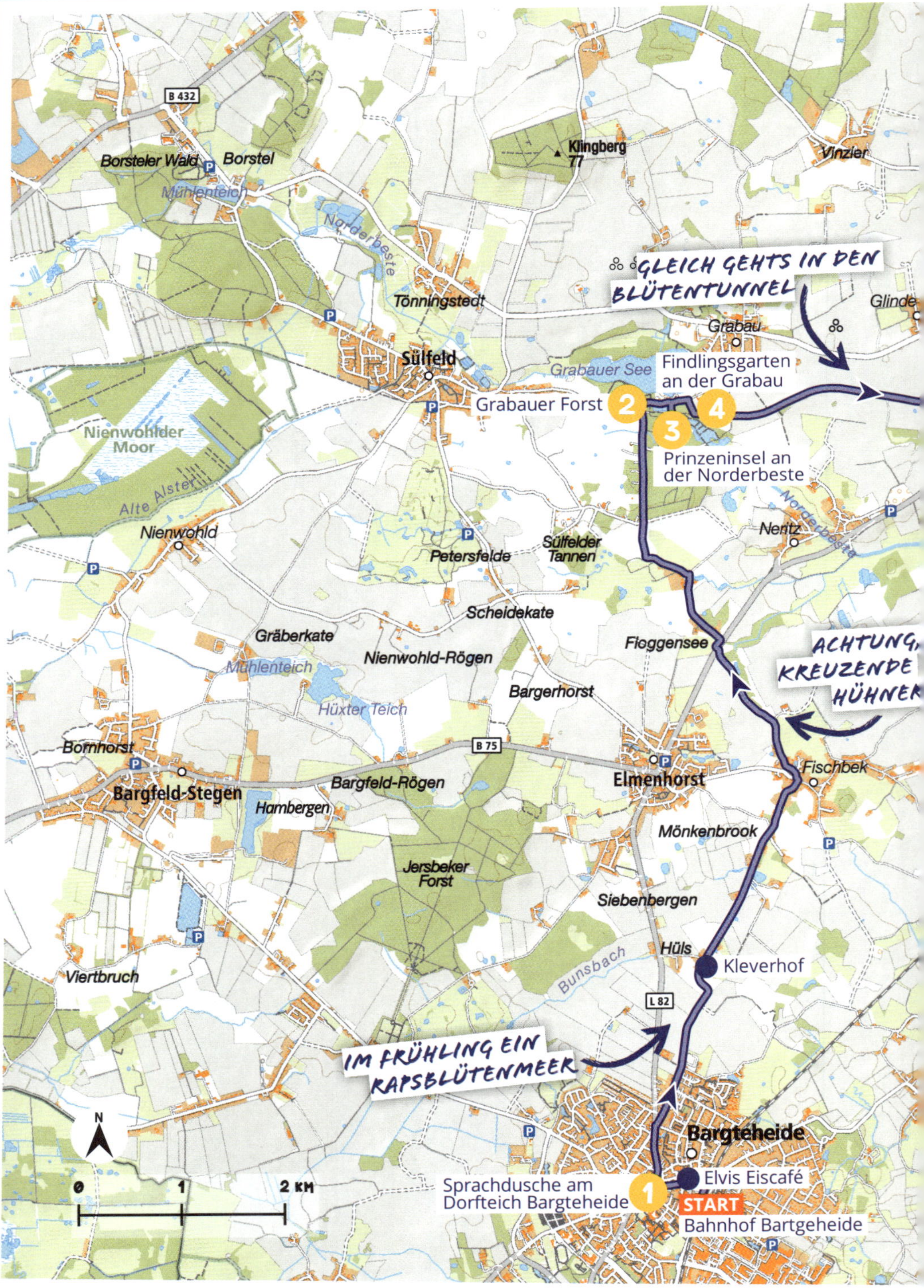

B 432
Borsteler Wald
Borstel
Mühlenteich
Klingberg 77
Vinzier
Norderbeste
Tönningstedt
GLEICH GEHTS IN DEN BLÜTENTUNNEL
Glinde
Grabau
Sülfeld
Grabauer See
Findlingsgarten an der Grabau
Grabauer Forst
2
4
3
Nienwohlder Moor
Prinzeninsel an der Norderbeste
Alte Alster
Norderbeste
Nienwohld
Neritz
Petersfelde
Sülfelder Tannen
Scheidekate
Gräberkate
Floggensee
ACHTUNG, KREUZENDE HÜHNER
Nienwohld-Rögen
Mühlenteich
Bargerhorst
Hüxter Teich
Bornhorst
B 75
Fischbek
Bargfeld-Stegen
Bargfeld-Rögen
Elmenhorst
Hambergen
Mönkenbrook
Jersbeker Forst
Siebenbergen
Hüls
Kleverhof
Bunsbach
Viertbruch
L 82
IM FRÜHLING EIN RAPSBLÜTENMEER
N
Bargteheide
0
1
2 KM
Elvis Eiscafé
Sprachdusche am Dorfteich Bargteheide
1
START
Bahnhof Bartgeheide

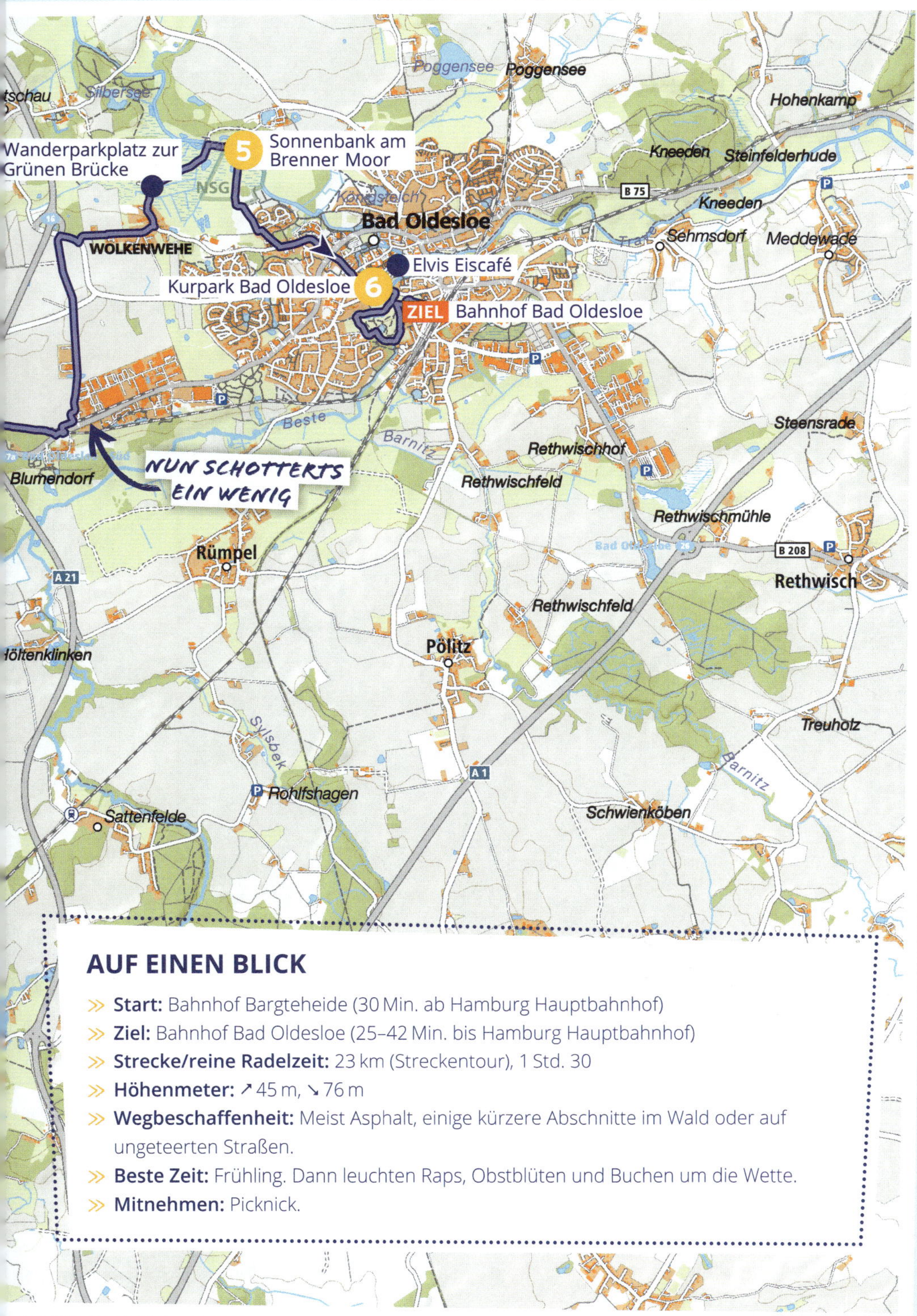

AUF EINEN BLICK

- **Start:** Bahnhof Bargteheide (30 Min. ab Hamburg Hauptbahnhof)
- **Ziel:** Bahnhof Bad Oldesloe (25–42 Min. bis Hamburg Hauptbahnhof)
- **Strecke/reine Radelzeit:** 23 km (Streckentour), 1 Std. 30
- **Höhenmeter:** ↗ 45 m, ↘ 76 m
- **Wegbeschaffenheit:** Meist Asphalt, einige kürzere Abschnitte im Wald oder auf ungeteerten Straßen.
- **Beste Zeit:** Frühling. Dann leuchten Raps, Obstblüten und Buchen um die Wette.
- **Mitnehmen:** Picknick.

DIE RADELPAUSEN

» START
Bahnhof Aumühle

KM 4
1 Doktorbrücke
Naturerfahrung

KM 23,5
2 Am Lütjensee in Lütjensee
Wanderlust

KM 26
3 Nordstrand Großensee
Wild- und Waldbaden

5 SOMMER DAZUMAL

Rundtour von Aumühle

Sachensenwald und Stormarnsche Schweiz hatten Erholungssuchende schon früh im Visier. Während Schleswig-Holsteins größtes zusammenhängendes Waldgebiet ein beliebtes Ausflugsziel geblieben ist, genießen die Lütjenseer ihre Seen fast schon exklusiv.

KM 33
4 Wassermühle Trittau
Kunst- und Kulturschätzchen

KM 43,5
5 Forsthaus Friedrichsruh
Bewusst genießen

KM 45
6 Lokschuppen Aumühle
Reisen anno dazumal

KM 45,5 » ZIEL
Bahnhof Aumühle

FRÜHER, ALS DIE WELT NOCH WEITER WAR …

» … und die Uhren langsamer tickten, reisten die, die es sich leisten konnten, im Sommer nach **Aumühle**. Heute, wo man es fast schon normal findet, dass alle Welt nach Australien oder Afrika fliegt, scheint ein Urlaub im Hamburger Umland geradezu exotisch. Fast schon wie damals, 1884, als Reisen zum Selbstzweck gerade erst in Mode kam und noch mit großem finanziellem Aufwand verbunden war. Da wurde in Aumühle überhaupt erst ein Haltepunkt der Eisenbahn eingerichtet. Das wundervolle **Bahnhofsgebäude** entstand beim Ausbau 1906.

DIESES GEFÜHL VON RUHE, DIESE PLÖTZLICHE AUSGEGLICHENHEIT, WENN MAN IN DEN WALD EINTAUCHT

Was sich seitdem wohl gar nicht so sehr geändert hat, ist dieses Gefühl von Ruhe, diese urplötzliche Zufriedenheit, wenn man sich in den Schutz des Sachsenwaldes begibt.

Was die Sommerfrischler hier wohl einen ganzen Urlaub lang taten, fragt man sich. Es ist ja sogar heute recht wenig los, wenn man die Ausflugslokale am Mühlenteich hinter sich gelassen hat, tiefer ins dunkle Grün taucht und der Weg zum Billetal hin immer holpriger wird.

Vermutlich reiste die Fantasie damals mit. Vielleicht dachte man sich Waldgeister und andere mythische Wesen zur Gesellschaft hinzu? So wie man sich heute ein paar Dinge wegdenken muss, um den Glanz alter Tage heraufzubeschwören, wann immer es durch Ortschaften geht. Autos etwa oder Supermärkte. Ab Papendorf ist das vorbei. Da rollt man auf der alten Bahntrasse fernab von allem **in die Stormarnsche Schweiz.**

In **Lütjensee** mit den drei Seen schlug anno dazumal für Reisende das Herz der Region. Schwimmen im Süßwasser galt schon im Mittelalter als kultiviert – ganz im Gegensatz zum Baden im Meer. Heute sorgt die **Trittauer Wassermühle** für Kultur und Kunst und in **Friedrichsruh** das Erbe des Eisernen Kanzlers. Otto von Bismarck, der erklärte Eisenbahnfan, hat hier etliche Spuren hinterlassen. Doch um ihnen allen zu folgen, bräuchte es noch mal einen Extrahalt, an einem anderen Urlaubstag im **Sachsenwald**. «

Die Radwege sind hervorragend ausgeschildert.

Im Auto eine Geduldsprobe, auf dem Rad ein Vergnügen: langsam durch den Sommer treiben.

Die Napoleonbrücke in Trittau wurde zu Beginn des 19. Jahrhunderts gebaut.

RADELN & GENIEßEN

Still ruht der Lütjensee.
Blick von der Fischerklause.

START
Bahnhof Aumühle

Der Mühlenteich liegt linker Hand vom Bahnhof. Dort zieht sich bei der Fürst Bismarck Mühle die Lindenallee in den Wald, wo man auf den bestens ausgeschilderten Radwanderweg 19 stößt.

KM 4

1 **Doktorbrücke**

Naturerfahrung

Wie die Doktorbrücke zu ihrem Namen kam, ist nicht überliefert. Doch eine Pause an der Bille kann ganz sicher etliche ärztliche Ratschläge ersetzen. Die Natur bewusst wahrzunehmen, tut einfach unheimlich gut. Wie das Flüsschen da über die Steine rauscht, gespeist von etlichen Quellen, die aus dem Talhang treten. Wie die Sonne ihre Strahlen in goldenen Bündeln durch das Grün fallen lässt. Wie es duftet, nach Erde und Wald. Wie die Vögel zwitschern. Mit Glück ist sogar eine Wasseramsel darunter. Der einzige Singvogel, der schwimmen und tauchen kann, geht hier auf Jagd. Genau wie der Eisvogel. Er sitzt dann regungslos auf einem Zweig über dem Wasser. Das hat übrigens eine konstante Temperatur von etwa acht Grad Celsius und verströmt eine herrliche Kühle.

Bis Lütjensee der 19 folgen. An der Trittauer Straße, auf Höhe der Tymmo-Kirche, geht es auf Am See zum See.

An der Bille erfrischen sich gern Pferde.

Öffentliche Badestelle am Großensee. Die bewachte Badeanstalt liegt gegenüber.

KM 23,5

2 Am Lütjensee in Lütjensee
Wanderlust

Wer immer schon mal Teil einer Jugendbewegung sein wollte, kann damit am Parkplatz hinter der Fischerklause starten. Das Rad bleibt stehen, wenn es auf Wanderschaft geht, so wie es die jungen und gebildeten Erwachsenen taten, die gegen Ende des 19. Jahrhunderts das zweckfreie Gehen in der Natur populär machten. Sie hatten es sich von den Stars der Romantik abgeschaut, und es galt als durchaus subversiv, sich in die Wälder zu schlagen. In Lütjensee kann von Suberversivem nicht die Rede sein. Doch schön ist es, wenn der Waldweg nach etwa 500 Metern ans Seeufer abknickt und dann noch ungefähr einen Kilometer als sandige Promenade zur Badestelle führt. Schwimmen? Könnte man. Aber besser noch beim nächsten Stopp.

Wie gekommen zurück zur Kirche, dann nach Querung der Trittauer Straße über Heidestraße zum Strandweg. Hier nach rechts. Beim Schild der Freizeitanlage Schleushörn führt rechts ein Weg zur Badestelle.

KM 26

3 Nordstrand Großensee
Wild- und Waldbaden

Mächtige Kiefern, Sandstrand, klarblaues Wasser und gar nicht so viele Badegäste, wie man befürchtet. Das liegt vermutlich daran, dass es am Nordstrand des Großensees (www.grossensee.eu) keine Parkplätze gibt. Auch keinen Kiosk. Und keine Badeaufsicht. Wer das will, muss rüber ins Freibad am Südufer. Dort dann aber auch Eintritt zahlen. Gut zu wissen, weil man das beim Besuch nicht für möglich hält: Boote und SUPs sind auf dem Großensee generell nicht erlaubt. Die Gemeinde kann da auch nichts machen. Der See gehört nämlich der Stadt Hamburg.

Dem Strandweg zurück bis Trittauer Straße folgen. Dort stößt man wieder auf die 19. Die Mühle ist in Trittau ausgeschildert. Nur zu Sicherheit: Etwa bei Kilometer 32 geht es links über Am Mühlenteich zum Mühlenteich.

Waldeslust in Reinkultur: Forsthaus Friedrichsruh.

KM 33

4

Wassermühle Trittau

Kunst- und Kulturschätzchen

Am Wochenende zeigen die Galerie in der Alten Wassermühle am Mühlteich und das moderne Atelierhaus auf dem hinteren Grundstück junge, norddeutsche Kunst. Der Eintritt für die wechselnden Ausstellungen ist grundsätzlich frei (www.wassermuehletrittau.de). Auch wenn nicht geöffnet ist, lohnt sich der Stopp, um auf einer Bank vor der Kornwassermühle Enten, Schwäne und Reiher zu beobachten, den alten Burgkrug von 1695 zu bewundern und sich an der kopfsteingepflasterten Napoleonbrücke zu fragen, wie der Verkehr hier bis in die 1960er-Jahre funktionierte. So lange musste nämlich jedes Gefährt über die Enge, die schmaler als ein SUV scheint.

Von nun an kann man sich wieder ganz auf den Radwanderweg 19 verlassen.

An Sonntagen und -abenden unbedingt Zeit für die wechselnden Ausstellungen einplanen.

KM 43,5

5

Forsthaus Friedrichsruh

Bewusst genießen

Otto von Bismarck war ein Lebemann, heißt es. Er rauchte, trank und aß im Überfluss. Er aß so viel, dass er unter Schlaflosigkeit litt und immer dicker wurde. Im Jahre 1879 wog er schon 247 Pfund. Da gehörte ihm das Forsthaus Friedrichsruh bereits drei Jahre. Zum Ausflugslokal verwandelte es sich aber erst 1895. Natürlich ist man dem ehemaligen Reichskanzler in gewisser Weise verbunden, genau wie dem Genuss. Aber der hat im wunderschönen weißen Forsthaus viel mit dem rechten Maß zu tun und nichts mit Völlerei. Gebacken, gekocht und gebraten, im Sommergarten oder vor dem offenen Kamin gibt es hier nur das Beste, vorwiegend Regionales und Saisonales, immer frisch und handverlesen. Mehr unter www.forsthausfriedrichsruh.de

Zurück zur Rosenstraße, dort links und gleich wieder rechts. Am Museum und Schlossweg den Bismarckschen Besitz umrunden. Beim Schmetterlingsmuseum dem Waldweg bis zum Eisenbahnmuseum folgen.

KM 45

6 Lokschuppen Aumühle

Reisen anno dazumal

Verbindliche Öffnungszeiten können die Ehrenamtlichen, die im Eisbahnmuseum tätig sind, nicht nennen. Auf ist, wenn auf ist, und das ist immer, wenn jemand da ist. Fest zugesichert ist lediglich der Sonntag. An den anderen Tagen wird gewerkelt. An Dampf- und Diesellokomotiven, in historischen Reisezügen und Gepäckwagen, an alten Feldbahnen, S-Bahnen und Dienstfahrzeugen, an Gleisanlagen und in Ausstellungshallen. Das darf man sich dann alles angucken, oft auch rauf- oder reinklettern, kostenfrei sogar. Eine Spende für die unermüdliche Arbeit ist aber auch gern gesehen: www.vvm-museumsbahn.de

Der Bahnhof liegt linker Hand und fast schon in Sichtweite.

EXTRA INFOS:

Näher am Ufer kann man in Lütjensee nicht sitzen als auf der Terrasse vom ● **Bootshaus der Fischerklause** am See (fischerklause-luetjensee.de/bootshaus). Das Eis ist handgemacht, der Blick grandios, Fischbrötchen und Flammkuchen schmecken prima. Und falls man größeren Hunger verspürt, geht man ins Haupthaus nebenan – das Restaurant dort darf sich bester Gasthof auf dem norddeutschen Festland nennen.

KM 45,5 » ZIEL

Bahnhof Aumühle

Wer möchte da nicht in der Holzklasse reisen?

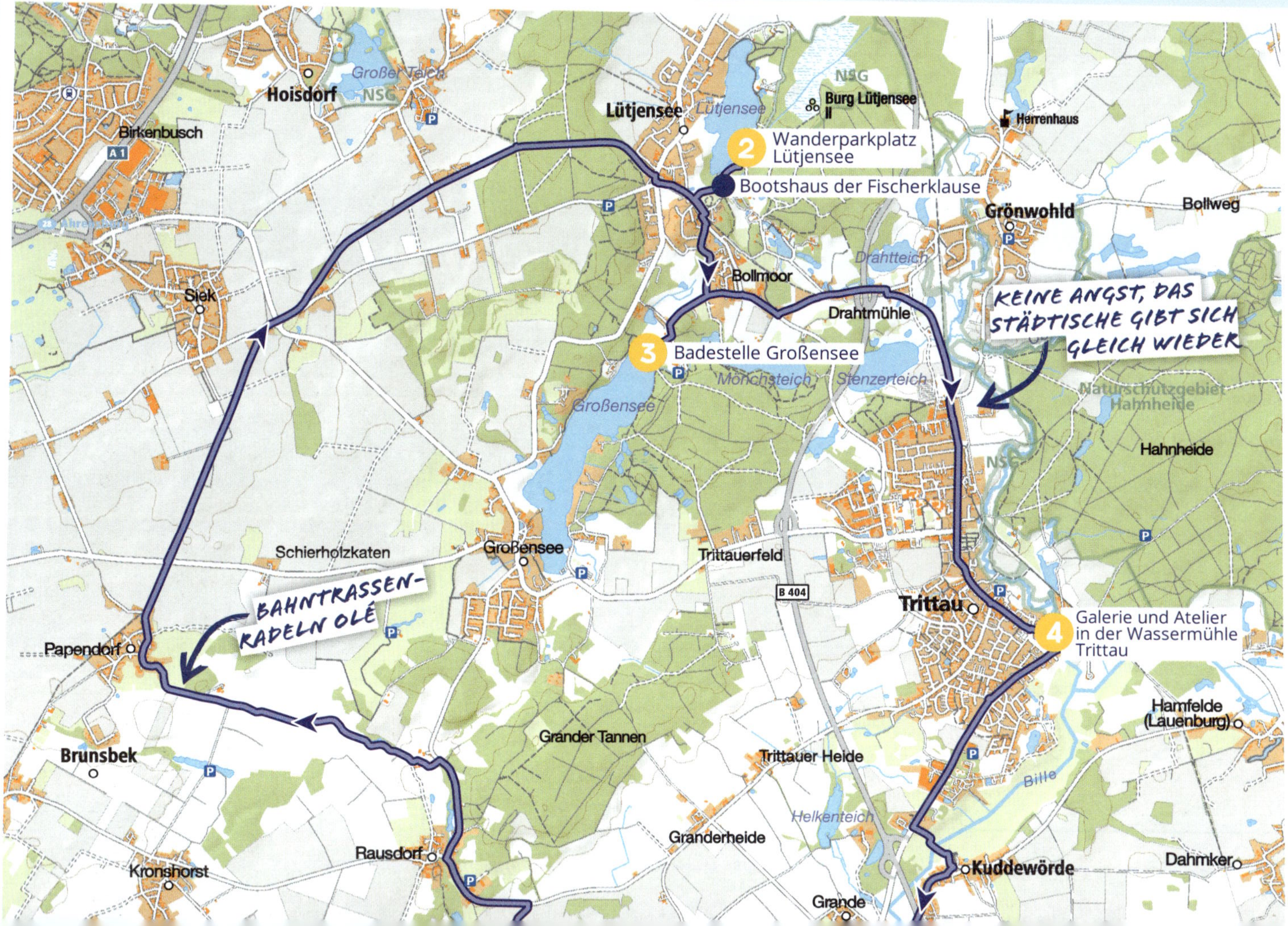

2 Wanderparkplatz Lütjensee
Bootshaus der Fischerklause
3 Badestelle Großensee
4 Galerie und Atelier in der Wassermühle Trittau
KEINE ANGST, DAS STÄDTISCHE GIBT SICH GLEICH WIEDER
BAHNTRASSEN-RADELN OLÉ
Hoisdorf
Großer Teich
NSG
Birkenbusch
A 1
Lütjensee
Burg Lütjensee
Herrenhaus
Grönwohld
Bollweg
Siek
Bollmoor
Drahtteich
Drahtmühle
Mönchsteich
Stenzerteich
Großensee
Naturschutzgebiet Hahnheide
Hahnheide
Schierholzkaten
Trittauerfeld
B 404
Trittau
Papendorf
Grander Tannen
Trittauer Heide
Hamfelde (Lauenburg)
Brunsbek
Bille
Helkenteich
Granderheide
Rausdorf
Kronshorst
Kuddewörde
Dahmker
Grande

AUF EINEN BLICK

- **Start/Ziel:** Bahnhof Aumühle (ca. 35–40 Min. ab/bis Hamburg Hauptbahnhof)
- **Strecke/reine Radelzeit:** 45,5 km (Rundtour), 3 Std. 45
- **Höhenmeter:** ↗ 59 m, ↘ 59 m
- **Wegbeschaffenheit:** Die Waldwege sind meist gut befahrbar. Im Billetal kann es kurz beschwerlich werden. Nach längeren Regenfällen ist dort manchmal auch Schieben angesagt.
- **Beste Zeit:** Bei Frühlingssonne, Badewetter und an goldenen Herbsttagen.
- **Mitnehmen:** Badesachen sowie Zecken-, Mücken- und Sonnenschutz.

DIE RADELPAUSEN

»START
Bahnhof Ratzeburg

KM 2
1 Altstadtinsel
Selbst geführter Rundgang

KM 7,5
2 Badestelle Buchholz
Unbetreutes Plantschen

KM 10,5
3 Badestätte Pogeez
Pommes und Eis für alle

6

DAS LEBEN IST EIN KLARER SEE

Ratzeburger Seenradtour

Während graue Wolken eine dichte Decke über Hamburg bilden, spannt sich gar nicht so selten ein knallblauer Himmel über das Herzogtum Lauenburg. Nicht nur dann ist die Stunde Anfahrt ins Wald- und Wasserparadies Ratzeburg bestens investiert.

KM 15,5

4 Fährhaus Rotenhusen
Von einer Flussfahrt träumen

KM 23

5 Kalkhütte
Waldlauf durch den Seebruch

KM 26,5

6 Zur schönen Aussicht
In die Sonnenliege sinken

KM 31,5 » ZIEL

Bahnhof Ratzeburg

EIN GESCHENK DER EISZEIT

» 68 Minuten dauert die Bahnfahrt nach **Ratzeburg**. Im Grunde spart man diese Zeit jedoch bereits vor der Abreise ein. Denn vorbereiten muss man wenig für die große Seenradtour. Bloß Badesachen und Wasserflasche einpacken und am Bahnhof ankommen. Dort rollt man wohl so zwei Kilometer bergab. In einem hinteren Winkel des Gehirns poppt der Gedanke auf, dass es mit dem Hochrollen anstrengender werden wird. Doch beim ersten Blick auf den See schiebt man ihn beiseite. Zu prächtig thront der Dom über der **Altstadtinsel**. Zu blau leuchtet der See. Eine tolle Mischung.

DAS ZIRPEN DER GRILLEN VERSETZT IN TRANCE, WÄHREND EIN SEEADLER HOCH OBEN SEINE KREISE ZIEHT

Entstanden ist der Ratzeburger See während der letzten Kaltzeit. Gletscher schürften sein tiefes Tal. Aus Hamburger Sicht ginge der ein oder andere Abschnitt als Downhillstrecke durch. Oder eben Uphill. Einen ersten Vorgeschmack gibt's auf den steilen Waldwegen der Endmoräne kurz nach dem Start. Gerade bevor die Puste ausgeht, ist der ebene Pfad **am Westufer** erreicht. Er führt von einer Badestelle zu nächsten, oft so dicht am Ufer entlang, dass man noch den leichtesten Wellenschlag hört. In **Rothenhusen** übertritt man mit der wundervollen **Wakenitz** auch die ehemalige deutsch-deutsch Grenze.

Und in Mecklenburg-Vorpommern zeigt sich dieses typische Bisschen wilder als der Westen. Und verträumter. Zwar fährt man am **Ostufer** zumeist auf asphaltierten Straßen. Doch geht es durch grüngoldene Märchenwälder und weite, geschwungene Felder, wo das Zirpen der Grillen in Trance versetzt und Seeadler am kornblumenblauen Himmel ihre Kreise ziehen.

Wo genau man wieder den alten Westen erreicht, ist heute nicht mehr zu bestimmen. Man kann es aber nachlesen, wenn sich bei **Bäk** zum letzten Mal eine phänomenale **Aussicht** auf die Ratzeburger Stadtinsel öffnet. Zum ersten Mal kann man von hier den Küchensee sehen und den Damm, der mitten hindurch zum **Kurpark** und zum Ausgangspunkt führt. «

RADELN & GENIEẞEN

Und am Ende des Weges steht ein Bootshaus am See.

START
Bahnhof Ratzeburg

Vom Bahnhof den Begleitweg der Bahnhofsstraße runterrollen lassen. Das Rad kann für den ersten Stopp rechts neben dem Rathaus angeschlossen werden.

KM 2

1 **Altstadtinsel**

Selbst geführter Rundgang

Kreuzgang im Ratzeburger See.

An der ehemaligen Lauenburgischen Gelehrtenschule markieren rosarote Tatzen auf dem Asphalt einen Stadtrundgang. Ein Plan liegt in der Touristeninformation aus, die sich in dem sonnengelben Gebäude befindet. (Download unter herzogtum-lauenburg.de/ein-rundgang-zu-den-sehenswuerdigkeiten-auf-der-stadtinsel). Natürlich könnte man sich das Ganze auch fürs Finale der Tour aufsparen. Aber man weiß ja, wie schnell man sich an Seeufern verliert. Und wer will schon vor geschlossenem Kreuzgang und Klosterhof stehen. Besser also gleich jetzt auf die Spuren des Löwen machen – und zwar rückwärts von 35, dem steinernen Aussichtsbalkon mit Ernst-Barlach-Blick, über 29, den prächtigen Dom, bis zur Nummer 20, dem schönen Marktplatz. Die verbleibenden 19 Nummern können bis zur Rückkehr warten.

Die mit einem hellblauen Piktogramm ausgeschilderte Seeradtour startet am Rathaus im Uhrzeigersinn. Keine Angst, wenn's im Wald knackig wird. An der schönen Himmelswiese beginnt die leichtere Übung.

KM 7,5

2 Badestelle Buchholz

Unbetreutes Plantschen

Ein sandiger, von Schilf eingefasster Uferbereich und glasklares Wasser. So präsentieren sich etliche Badestellen am Ratzeburger See. Wochentags kann man selbst in den Sommerferien das Glück haben, eine für sich ganz allein zu finden. Liegen bei der ersten, der Himmelswiese, bereits Räder und/oder Handtücher im Gras, nimmt man eben die zweite. Dort fand schon Max Pechstein Inspiration, als er 1919 in Buchholz urlaubte. Eine Infotafel in der Nähe der Sanitärgebäude erinnert an den Maler. Die Buchholzer gehört zu den unbewachten Badestellen, von denen sich noch etliche entlang des Weges finden. Hier schwimmt man grundsätzlich auf eigene Gefahr.

Der sandige Pfad bleibt am Ufer und lässt keine Möglichkeit zum Verfahren.

Die Wasserqualität des Ratzeburger Sees ist sehr gut.

KM 10,5

3 Badestätte Pogeez

Pommes und Eis für alle

Umkleiden, Kinderspielgeräte, Kursangebote und die DLRG – damit punkten die bewachten Badestellen am Ratzeburger See. An ihnen geht es naturgemäß immer etwas trubeliger zu als an den unbewachten Stellen. Für Radfahrende und Wandernde ist die Badeanstalt von Pogeez (pogeez.dlrg.de) vor allem wegen des Kiosks überlebenswichtig. Dort werden die Sonnenschirme selbst dann über die Tische gespannt, wenn alle anderen – der ohnehin spärlichen gestreuten – Einkehrmöglichkeit entlang der Strecke geschlossen haben. Denn das kann passieren. Selbst an einem stahlendschönen Tag in den Sommerferien.

Rolling, rolling, rolling on the lakeshore.

In Pogeez heißt es nicht Freibad, sondern Badestätte.

KM 15,5

4 Fährhaus Rotenhusen

Von einer Flussfahrt träumen

Über die wunderbare Wakenitz entwässert der Ratzeburger See in die Trave. Aufgrund seiner urwüchsigen Anmutung wird das nur 15 Kilometer lange Flüsschen auch Amazonas des Nordens genannt. Die Strecke von Rothenhusen bis Lübeck gehört zu den schönsten Kanutouren überhaupt in Schleswig-Holstein. Canadier und Kajaks verleiht das Kanu-Center am Wakenitzhaus (www.kanu-center.de/mietstation-wakenitzhaus). Allerdings wäre im Rahmen dieser Tour höchstens ein Stündchen auf dem Wasser drin. Da hilft nur wiederkommen – oder über Nacht bleiben. Wer heute noch weiter muss, kann sich immerhin schon mal einen Überblick über die Camping- und Glampingmöglichkeiten verschaffen und setzt sich dann mit einem Kaffee oder Kaltgetränk vom Bistro des Camps noch eine Weile ans Ufer der Wakenitz, um vom nächsten Besuch zu träumen.

Rüber über die Wakenitz Richtung Utecht. Der Abzweiger am Ortseingang ist leicht zu übersehen. Weiter über Campower Straße und Hohenleuchte. Wo sie links abknickt, geht es geradeaus zur Kalkütte.

Die Wakenitz mäandert vom Ratzeburger See nach Lübeck.

Am Ostufer geht es deutlich entspannter zu.

KM 23

5

Kalkhütte

Waldlauf durch den Seebruch

Die Uferwälder sind unter Naturschutz gestellt.

Das Ostufer gilt als die Sonnenseite des Sees. Da wird es auf den Terrassen des Campingplatzes an der (ehemaligen) Kalkhütte schnell wärmer als auf einem Südbalkon und ein Spaziergang im Waldschatten zu einer erholsamen Sache. In den Hangwäldern greift man schon seit Längerem nicht mehr in die Natur ein. Alles darf wachsen, stehen, fallen, wie es will. Die Wälder sind teilweise von tiefen Bachschluchten durchzogen, durch die sich das Wasser seinen Weg zum See sucht. Eine Runde durch den nördlichen Waldabschnitt Seebruch ist etwa vier Kilometer lang. Im südlichen Waldabschnitt Steinort kommt man auf gute zwei Kilometer. Wer noch mehr Abkühlung braucht, hüpft – na, logisch – in den See.

Über Neuhofer Weg nach Bäk. Dort der Landstraße auf den Mühlenweg folgen, an dessen Ende die Radroute wieder in den Wald taucht.

KM 26,5

6 Zur schönen Aussicht

In die Sonnenliege sinken

KM 31,5 » ZIEL
Bahnhof Ratzeburg

Waldsofa nennt man im Herzogtum Lauenburg hölzerne Liegen, die an besonders schönen Aussichtsplätzen aufgestellt werden. Das Exemplar in Bäk ist aber eher eine Sonnenliege mit Panoramablick auf den Ratzeburger Dom. Der außerordentlich geschichtsträchtige Ort, der ganz folgerichtig Zur schönen Aussicht heißt, gehörte früher zu Mecklenburg-Vorpommern. Hier verlief nach Ende des Zweiten Weltkrieges für einige Monate die deutsch-deutsche Grenze. Wie die Gemeinde dann doch noch im Westen landete, erzählt eine bebilderte Infotafel.

Letzte knackige Abfahrt hinunter an den See. Beim Eiscafé Bruhn nicht der Ausschilderung über die viel befahrene B 208 folgen, sondern über die Straße an den Küchensee wechseln.

Zur schönen Aussicht: mit Blick auf die Altstadtinsel.

EXTRA INFOS:

Im Juli und August lädt ● **Lödings Bauernhof** am See am Wochenende zum Himbeerpflücken ein. Der Schlenker zu Plantage und Hofcafé ist ab Buchholz ausgeschildert. Welche Spezialität im Frühling auf der Speisekarte steht, lässt sich am Namen der Interpräsenz www.spargelbuffet.de erkennen.

Traumhafte Lage auf einer kleinen Insel, preisgekrönte Architektur, die Speisekarte bio, fair und regional – das ● **Fährhaus Rothenhusen** (faehrhaus-rothenhusen.de) ist für manche der Höhepunkt einer Tour um den Ratzeburger See.

Safarizelt, Romantik-Bauwagen, Campingfass, und Plätze für's ganz normale eigene Zelt gibt's natürlich auch. Das ● **Wakenitz-Camp** ist ideal, wenn man diese Radtour mit einer Kanutour zu einem Mini-Abenteuer aufpeppen möchte: www.kanucenter.de/wakenitz-camp

SPÄTESTENS IN BÄK WÜNSCHT MAN SICH, ÜBER NACHT AM SEE ZU BLEIBEN

AUF EINEN BLICK

- **Start/Ziel:** Bahnhof Ratzeburg (68 Min. ab/bis Hamburg Hauptbahnhof)
- **Strecke/reine Radelzeit:** 31,5 km (Rundtour), 2 Std. 30
- **Höhenmeter:** ↗ 128 m, ↘ 128 m
- **Wegbeschaffenheit:** Am Westufer zumeist gut befahrbare Sandwege, am Ostufer Asphalt.
- **Beste Zeit:** Hochsommer.
- **Mitnehmen:** Badesachen und Notizbuch, um alles zu notieren, wofür man noch einmal wiederkommen möchte.

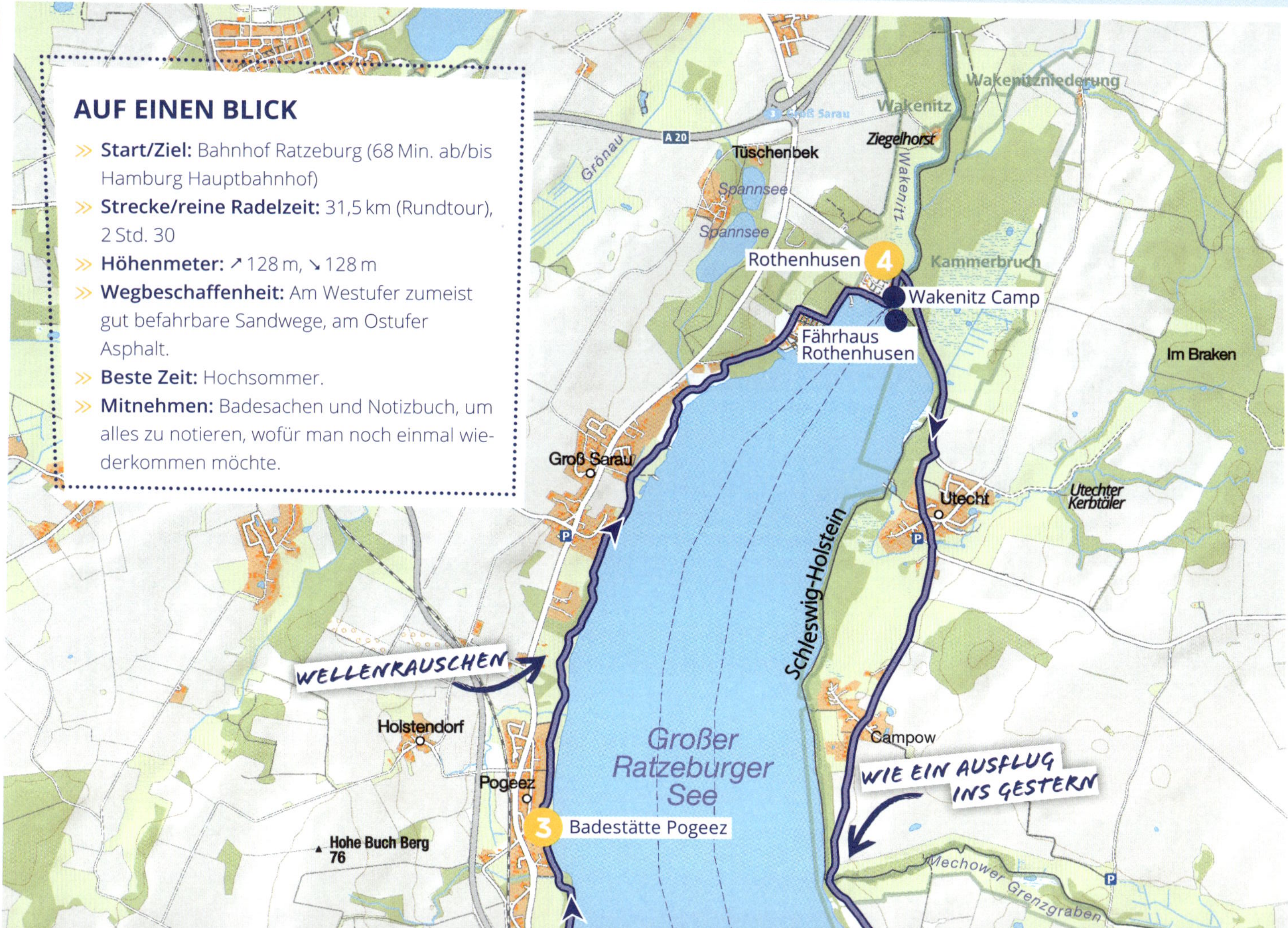

Lödings Bauernhof am See
Buchholz
2 Badestelle Buchholz
Klein Disnack
Seebruch
Ostufer des Großen Ratzeburger Sees
Mechower Holz
Steinerne Rinne und Mechower Holz
Kalkhütte 5
B 207
Steinort
DURCHHALTEN. STEILER WIRD'S NICHT.
Einhaus
Remel
Römnitz
Bäk
Hasselholz
Kulpin
B 208
Schöne Aussicht 6
Domsee
Ratzeburg
SANKT GEORGSBERG
Harmsdorf
Behlendorfer See
1 Altstadtinsel
INSELSTADT
VORSTADT
START & ZIEL Bahnhof Ratzeburg
B 207
0
1
2 km
N
Küchensee
B 208
LETZTE BADEMÖGLICHKEIT VOR DER HEIMFAHRT

DIE RADELPAUSEN

» START
Bahnhof Mölln

KM 10,5
1 Güster
Abschied vom Elbe-Lübeck-Kanal

KM 18
2 Hellbachtal
Flusskrebse suchen

KM 24
3 Lütauer See
Badestellenvergleich

7 BERG- UND KANAL-FAHRT

Rundtour von Mölln durch das Hellbachtal

Zum Warmwerden geht es zunächst auf der Sonnenseite des Elbe-Lübeck-Kanals in autofreie Idylle. Nun sind die Gelenke schön geschmeidig für die sanft geschwungenen Waldwege im Hellbachtal und die Uferpfade der Möllner Seenplatte.

KM 26

4 Waldhalle
Ein Eiskaffee über dem See

KM 26,5

5 Wildpark Uhlenkolk
Auf Safari gehen

KM 28,5

6 Marktplatz Mölln
Kleine Till-Eulenspiegel-Tour

KM 29,5 » ZIEL

Bahnhof Mölln

SEEN SAMMELN

» Das lauteste Geräusch ist der Schotter unter den Rädern. Führten in **Mölln** noch ein paar Leute ihre Hunde Gassi, ist nun schon eine ganze Weile niemand mehr am **Elbe-Lübeck-Kanal** aufgetaucht. Nicht mal ein Boot. Die Luft ist warm. Durch das Schilf weht eine kühle Brise. Eigentlich dürfte es gern den ganzen Tag so weitergehen. Doch ein fernes Rauschen kündigt schon die Autobahn an. Nach ihrer Unterquerung bedeutet die nächste Brücke den Abschied vom Kanal. Schade eigentlich.

WUNDERSCHÖN, WIE SICH DIE FARBEN DES HIMMELS IM KRISTALLKLAREN KREBSSEE SPIEGELN

Andererseits ist der Waldschatten in der zunehmenden Wärme willkommen, und wenn man erst einmal das eiszeitliche **Hellbachtal** erreicht, ist es ohnehin um einen geschehen. Das Naturschutzgebiet gehört zu den edelsten Kostbarkeiten im Naturpark **Lauenburgische Seen**. Wanderwege erschließen das kleine Schmuckstück mit den drei Waldseeperlen. Der klare **Krebssee** hat eine Sichttiefe von sieben Metern. Der Lottsee ist über und über mit Seerosen bewachsen und verlandet zusehends. Schließlich der Schwarzsee, ein Braunwassersee, der seltenen Torfmoosen, Seggen und Sumpfcalla ein Zuhause bietet.

Höchstens in der Holsteinischen Schweiz kommen Seensammler im nördlichsten Bundesland so sehr auf ihre Kosten wie im Herzogtum Lauenburg. Und nirgends finden sich so weite, tiefe Wälder. Schon schimmert der Drüsensee durch die Bäume. Er bildet den Auftakt der **Möllner Seenkette**. An seinem Nordufer funkelt jenseits der Gudower Straße der **Lütauer See**. Dahinter der zauberhafte Schmalsee. Er wandert direkt auf die Bucket List mit den Spaziergängen. Nicht auszudenken, wie hier im Herbst die Farben explodieren.

Aber noch ist ja Sommer. Und das Leben in Mölln spielt sich an den Seen ab, die die Stadt umschmiegen. Hegesee, Schulsee, Stadtsee und Ziegelsee. Durch Letzteren fließt der **Elbe-Lübeck-Kanal**, wo diese Tour begann und endet. «

RADELN & GENIEßEN

Sehr selten nur kommen einem am Elbe-Lübeck-Kanal Autos in die Quere.

START
Bahnhof Mölln

Vom Möllner Bahnhof über Grambeker Weg und Vorkamp zum Elbe-Lübeck-Kanal. Brücke queren und runter ans Wasser. Von da an geht es geradeaus.

KM 10,5
1
Güster
Abschied vom Elbe-Lübeck-Kanal

Den Elbe-Lübeck-Kanal verlässt man nicht gern. Da kommt die Bank an der Brücke bei Güster gut gelegen, um noch einmal diese Ruhe zu spüren. Hin und wieder tuckert ein Sportboot vorbei. Häufiger hört man das satte Knirschen von Rädern, die auf dem festen Sandboden nach Lauenburg rollen, wo der Kanal auf die Elbe trifft. Vielleicht auch noch weiter, immer am Elbe-Seitenkanal entlang bis nach Lüneburg. Oder natürlich in die andere Richtung nach Lübeck. Den Streckenverlauf des federleichten Fernradweges kann man auf der großen Übersichtskarte zwischen Bank und Brücke nachvollziehen. Und schon mal überlegen, wann und mit wem man das nächste Mal kommt. Vielleicht um die gesamten 116 Kilometer zu absolvieren. Oder bloß eine weitere Etappe.

Auf dem gegenüberliegenden Ufer geht es an den Talhängen bei Göttin richtig steil hoch, dann unter der Autobahn hindurch und schließlich auf dem Alten Frachtweg in den Wald und in das bezaubernde Hellbachtal.

Gleich hinterm Möllner Bahnhof geht es runter an den Kanal.

KM 18

2 Hellbachtal

Flusskrebse suchen

Die Uferbereiche des nährstoffarmen und darum kristallklaren Krebssees dürfen bis auf eine Ausnahme nicht betreten werden. Dort allerdings darf man dann auch baden. Oder eben Flusskrebse suchen. Dass die sich hier wohlfühlen, ist ein Indikator für sehr sauberes Wasser. In diesem spiegeln sich die Himmelsfarben. Dank sandigem Untergrund kann man sich ganz sanft ins Nass gleiten lassen. Unter Eingeweihten ist die Badestelle daher recht beliebt. Aber so viele sind das gar nicht. Und die idyllische Lage, – der nächste Parkplatz liegt weit entfernt – schützt vor übermäßigem Gedränge.

Gegen den Uhrzeigersinn den See halb umrunden, den Lottsee links liegen lassen und dem Wegverlauf zum Drüsensee folgen. Dicht am Ufer bis zur Gudower Straße. Dort auf den Uferpfad des Lütauer Sees wechseln.

Dicht vom Wald umstanden, funkelt der glasklare Krebssee.

KM 24

3 Lütauer See

Badestellenvergleich

Auf den ersten Kilometern des Uferpfads wird man fast ein bisschen neidisch auf die Einheimischen, die mit riesigen Gummitieren oder SUP-Boards noch an der unwegsamsten Stelle in See stechen. Neuzugeradelte zögern und zaudern, denn der Einstieg scheint nicht recht geheuer, sieht man doch an den dicht bewaldeten Ufern nicht, wohin man tritt. Aber spätestens bei Kilometer 24 ist das vergessen. Denn da kann man über einen Steg selbst ins Wasser gelangen. Bei Kilometer 25 folgt die offizielle, allerdings unbewachte Badestelle Rolandseck auf einer kleinen Halbinsel. Hier braucht man nur ein paar Züge zu schwimmen, um schon den Schmalsee jenseits einer kleinen Holzbrücke schimmern zu sehen.

Bis zum Nordufer einfach dicht am Wasser bleiben.

Die Möllner Seenkette besteht aus sieben Seen. Hier: der Schmalsee.

M GEGENSATZ
ZU SUP BOARDS WIEGEN
AUFBLASBARE EINHÖRNER
FAST NICHTS

KM 26

4 Waldhalle
Ein Eiskaffee über dem See

Für ein Stück Torte aus der hauseigenen Konditorei (und alles andere auch), muss man mit zwei, drei Euro mehr rechnen als in der Gegend üblich. Man zahlt die Lage mit. Das aber völlig zu Recht. Schon vor 100 Jahren galt das im Gründerzeit-Stil erbaute Hotel als Top-Ausflugsziel. Nicht zuletzt wegen der tollen Aussichtsterrasse mit Blick auf den Schmalsee. Fern von allem, mitten im Wald auf einer Anhöhe gelegen, kommt hier geradezu Kanada-Feeling auf. Man will wirklich überhaupt nicht wieder weg. Etwas ungewöhnlich sind die festen Zeiten für Mittagessen, Kaffeestunde und Abendessen: www.waldhalle.de

Es geht aufwärts auf dem Waldhallenweg. Aber nur 500 Meter.

Eine Pause in der Waldhalle in Höhenlage gehört unbedingt dazu.

Das Rotwild darf durch den gesamten Wildpark streifen.

KM 26,5

5

Wildpark Uhlenkolk

Auf Safari gehen

Die Tiere im Streichelgehege kennen keine Scheu.

Alle, die Schwierigkeiten mit Zoos und Tierparks haben, aufgepasst: Der Wildpark Uhlenkolk (www.naturparkzentrum-uhlenkolk.de) will alles besser machen. Die neu gestalteten Gehege sind so großzügig gehalten und bieten so viele Unterschlupfmöglichkeiten, dass man möglicherweise kaum ein Tier entdeckt. Vielleicht kommt man aber auch einem ganz besonders nah. Die Hirsche zum Beispiel dürfen sich auf dem gesamten Gelände rumtreiben. Noch gibt's ein paar wenige ältere Anlagen, bei denen die Haltung noch nicht ganz so naturnah gelungen ist. Der Wildpark ist daher froh über jede Spende. Denn um möglichst vielen Menschen den Besuch zu ermöglichen, ist der Eintritt grundsätzlich kostenfrei. Geöffnet rund um die Uhr. An 365 Tagen im Jahr.

Weiter auf dem Waldhallenweg. Kurz nachdem er zur Hindenburgstraße wird, rechts über Birkenweg und Lindenweg zur Altstadt runterrollen. Die Brunnenstraße führt über Am Markt zum Historischen Rathaus.

KM 28,5

6 Marktplatz Mölln

Kleine Till-Eulenspiegel-Tour

Am kopfsteingepflasterten Marktplatz plätschert direkt neben dem zweitältesten Rathaus Schleswig-Holsteins der Eulenspiegelbrunnen. Die krönende Bronzefigur schuf Karlheinz Goedtke 1950 zum 600. Todestag des Narren, der in Mölln noch ziemlich lebendig scheint. Daumen und Fußspitze der Statue glänzen blank, da man sich etwas wünschen darf, wenn man sie gleichzeitig reibt. Man braucht diesen Wunsch aber nicht an Geld zu verschwenden. Das kriegt man auch eine Treppe höher. Dort auf dem Kirchhof befindet sich die Eulenspiegel-Linde, unter der der Namensgeber stehend begraben sein soll. In die Rinde braucht man nur einen Cent stecken, den Baum sodann dreimal umrunden – und schon gerät man nie wieder in finanzielle Verlegenheit. Nebenbei ist der Blick über die Altstadt von hier oben unbezahlbar.

Einfach der Hauptstraße zum Bahnhof folgen.

KM 29,5 » ZIEL

Ziel Bahnhof Mölln

Spätestens nach dem Treffen mit Till ist man wunschlos glücklich.

EXTRA INFOS:

Wo's an der Brücke in Mölln runter zum Elbe-Lübeck-Kanal geht, gibt's bei ● **Fräulein Ziegenbein** den letzten Kaffee für 25 Kilometer. Proviant vergessen? Dann vorsichtshalber direkt ein Frühstück ordern – oder belegte Brötchen zum Mitnehmen: fraeulein-ziegenbein.eatbu.com

Der ● **Schwarzsee** liegt nicht direkt auf der Route, ist aber über einen kurzen Abstecher schnell zu erreichen. Dafür beim Lottsee dem blauen Halbmond zur nahen Aussichtsplattform folgen.

Zehn Kilometer von Mölln entfernt kann man in einem echten MITROPA-Schlafwagen übernachten. Und das ist noch nicht die seltsamste Unterkunft auf dem **Erlebnisbahnhof Schmilau** (erlebnisbahnhof-ratzeburg.de). Womit auch gleich geklärt wäre, dass es morgen auf Tour 6 geht.

NICHT VERGESSEN: GLÜCKSCENT

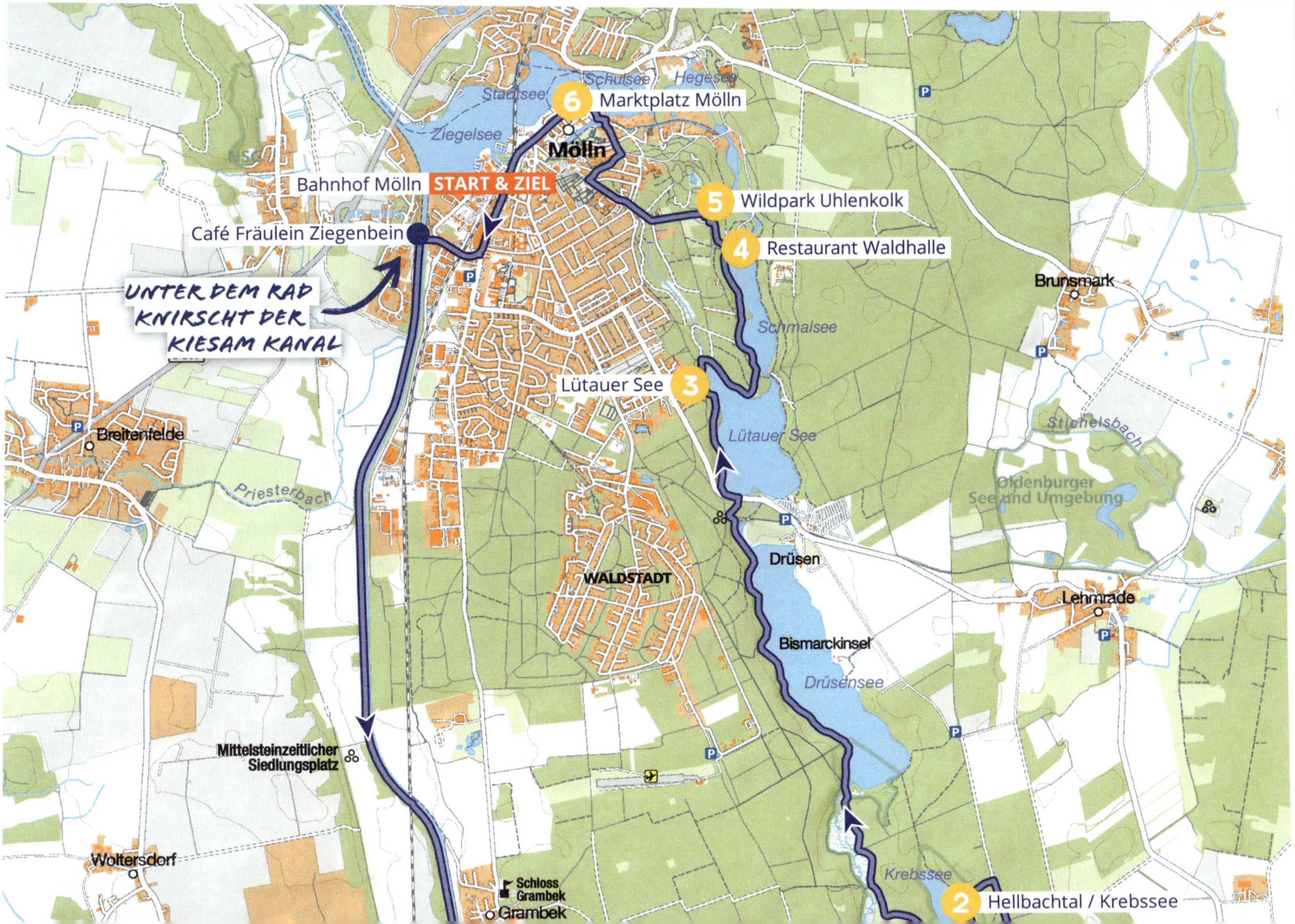
6 Marktplatz Mölln
Schulsee
Hegesee
Stadtsee
Ziegelsee
Mölln
NSG
Bahnhof Mölln
START & ZIEL
5 Wildpark Uhlenkolk
4 Restaurant Waldhalle
Café Fräulein Ziegenbein
UNTER DEM RAD KNIRSCHT DER KIESAM KANAL
Brunsmark
Schmalsee
3 Lütauer See
Lütauer See
Breitenfelde
Priesterbach
Stichelsbach
Oldenburger See und Umgebung
Drüsen
WALDSTADT
Lehmrade
Bismarckinsel
Drüsensee
Mittelsteinzeitlicher Siedlungsplatz
Woltersdorf
Schloss Grambek
Grambek
Krebssee
2 Hellbachtal / Krebssee

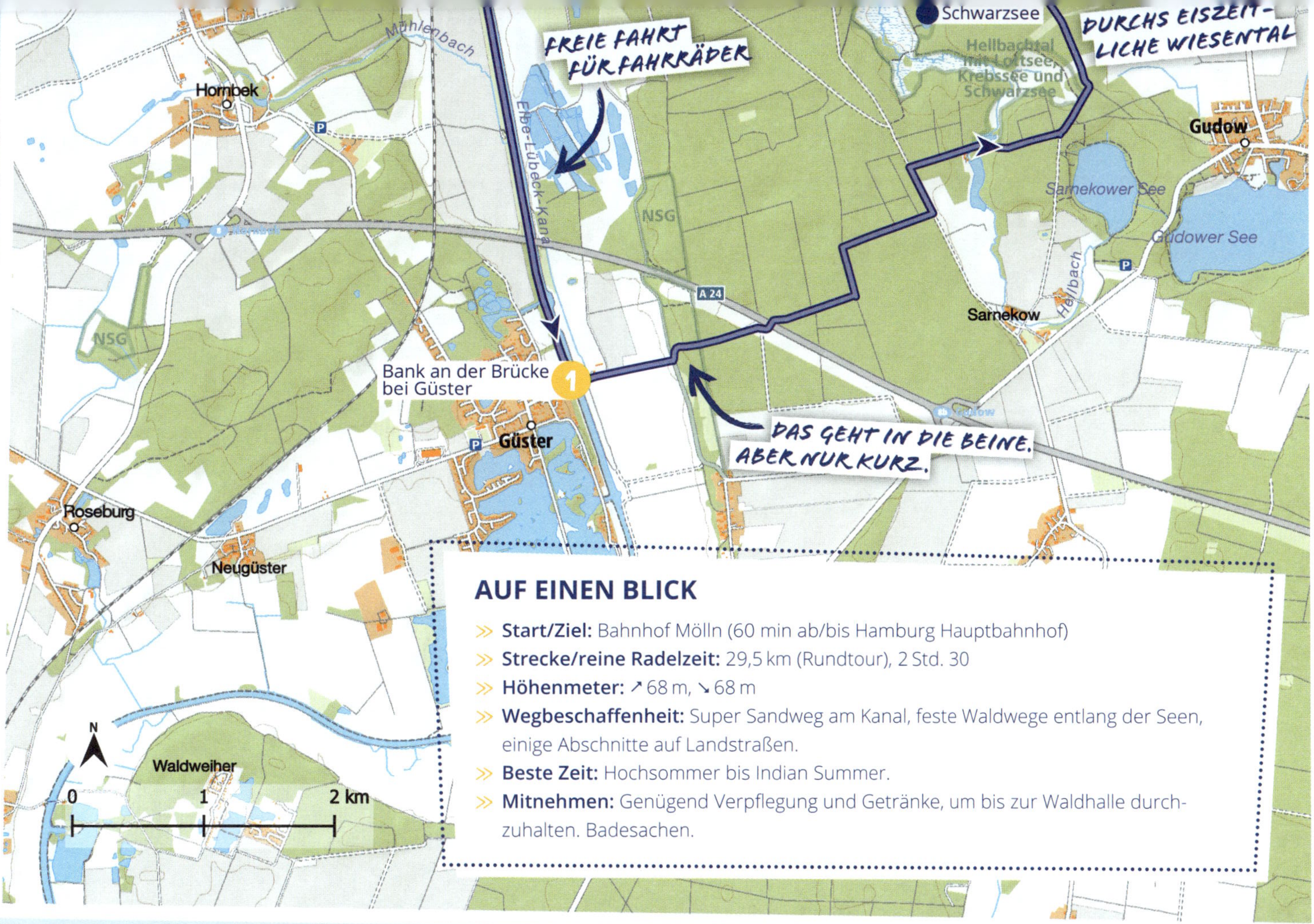

AUF EINEN BLICK

- **Start/Ziel:** Bahnhof Mölln (60 min ab/bis Hamburg Hauptbahnhof)
- **Strecke/reine Radelzeit:** 29,5 km (Rundtour), 2 Std. 30
- **Höhenmeter:** ↗ 68 m, ↘ 68 m
- **Wegbeschaffenheit:** Super Sandweg am Kanal, feste Waldwege entlang der Seen, einige Abschnitte auf Landstraßen.
- **Beste Zeit:** Hochsommer bis Indian Summer.
- **Mitnehmen:** Genügend Verpflegung und Getränke, um bis zur Waldhalle durchzuhalten. Badesachen.

DIE RADELPAUSEN

» START
Bahnhof Büchen

KM 3
1 Schleuse Witzeeze
Hör mal'n beten der Audio-App to

KM 8
2 Lanzer See
Badepause mit Verpflegung

KM 15
3 Lauenburger Altstadt
Durch Winkelgassen bummeln

8 DIE GROSSE FREIHEIT

Rundtour von Büchen über Lauenburg

Gebaut wurde der Elbe-Lübeck-Kanal, um die Elbe mit der Ostsee zu verbinden, später aber als deutsch-deutsche Grenze missbraucht. Vielleicht ist er gerade darum so ein herrliches Versteck geblieben – und ein echtes Radparadies.

KM 17,5
4 Palmschleuse
Auf starken Mauern balancieren

KM 38
5 Grenzstreifen Museum
Den Eisernen Vorhang lüften

KM 46
6 Priesterkate
Kleine Wallfahrt

KM 48 >> ZIEL
Bahnhof Büchen

ES MUSS NICHT IMMER HAFFKRUG SEIN …

» Es ist ein warmer Sommertag. Nein, eigentlich ist es heiß. Dabei steht die Sonne noch nicht einmal sehr hoch am Himmel. Und wenn **Büchen** nicht so easy mit dem Zug zu erreichen wäre und nicht am Elbe-Lübeck-Kanal läge, dann wäre man wohl besser im verdunkelten Zimmer geblieben. Denn an Tagen wie diesen drängt alles hinaus aus der großen Stadt. Beinahe jedes Ausfallstor ist verstopft und auf den Autobahnen bilden sich lange Megastaus.

Doch zum Glück *ist* Büchen ja ganz unkompliziert zu erreichen. 30 Minuten rattert der Zug Richtung Osten. Das Auto bräuchte für die gleiche Strecke eine Stunde. Selbst ohne Stau. Und zum noch größeren Glück *liegt* Büchen ja am Elbe-Lübeck-Kanal. Vom Bahnhof ist es nur ein Kilometer bis dorthin. Nach einem weiteren kommt der erste Naturcampingplatz in Sicht, mit Badestelle, versteht sich. Und so ist es kein Wunder, dass viele Radfernwege und Themenrundtouren den Kanal begleiten, wo sonnenbeschienene mit beschatteten Abschnitten wechseln und das Radeln herrlich einfach ist.

AUF DEN ENDLOSEN CHAUSSEEN TRÄUMT MAN SICH IN FRÜHERE ZEITEN

Ab dem zwölften Jahrhundert gehörte die Tour zur wichtigsten Nord-Süd-Verbindung Deutschlands. Alte Salzstraße wurde der alte Handelsfrachtweg zwischen Lübeck und Lüneburg genannt. Der Streckenverlauf entspricht nicht ganz dem gleichnamigen Fernradweg. Der hat den Vorteil, im mehr als malerischen **Lauenburg** die Elbe zu erreichen.

Bis dahin geht es auf festem Sand immer dicht am Kanal lang, durch eine Landschaft, die in den 1980er-Jahren als Schauplatz der Ostpreußen-Saga »Jokehnen« fungierte – noch heute kann man sich auf endlosen Chausseen in frühere Zeiten träumen. Mehr allerdings noch auf der Rückrunde. Da schlängelt sich der Iron Curtain Trail durch Mecklenburg-Vorpommern. Da nimmt die Eidechsendichte deutlich zu. Da wachsen die Kiefern höher in den Himmel. Da erinnern in **Schwanheide** Kasernenreste an die deutsch-deutsche Teilung. Und daran, wie kostbar ein freier Sommertag ist. Viel zu wertvoll, um ihn in der verdunkelten Wohnung zu vertrödeln. «

Ein 116 Kilometer langer Radfernweg verbindet Lüneburg und Lübeck.

Lauenburg an der Elbe ist das Highlight dieser Tour.

Die Bucket List füllt sich während des Tages um etliche Touren.

RADELN & GENIEẞEN

START

Bahnhof Büchen

Den Bahnhof am Ausgang Bahnhofsstraße verlassen, ihr rechts bis ans Ende folgen und über den Pfad zum Kanal holpern. Von hier ist die Alte Salzstraße hervorragend ausgeschildert.

KM 3

1

Schleuse Witzeeze

Hör mal'n beten de Audio-App to

Eine Audio-App verkürzt die Wartezeit bis zum nächsten Schleusengang mit Geschichte(n).

An der Schleuse in Witzeeze, wo eine kopfsteingepflasterte Eisenfachwerkbrücke über den Elbe-Lübeck-Kanal führt, schließen sich die Bahnschranken mit nostalgischem Klink-Klank-Klonk, und einige Motorschiffe warten auf den Schleusengang. Das geschieht hier noch nach dem Hotoppschen Prinzip, ganz ohne Strom mithilfe der Hydraulik. So müssen die Schleusenwärter unterschiedliche Hebel stellen und Räder drehen, und die Schleuse arbeitet wie von Geisterhand. Falls der Zufall es so will, bekommt man so einen Schleusengang mit. Falls nicht, kann man sich die Technik dahinter über eine Audio-App erklären lassen. Sie untermalt die Radrunde Denkmaltour, auf deren Piktogramm man auf diesem Ausflug noch einmal an Stopp 6 stoßen wird.

Immer am Kanal entlang. Wenn er sich zu einem See weitet, ist es nicht mehr weit zur roten Brücke, wo das Gasthaus am Lanzer See schon ausgeschildert ist.

Bei Basedow weitet sich der Elbe-Lübeck-Kanal zu einem Badesee.

In der historischen Altstadt Lauenburgs ist jedes Haus ein kleines Kunstwerk.

UNTER JEDEM DACH EIN HACH, WIE SCHÖN!

KM 15

3 Lauenburger Altstadt

Durch Winkelgassen bummeln

Lauenburg ist so süß, dass es vermutlich nicht bei diesem einem Stopp in der Schifferstadt bleiben wird. Aber die Runde über Elbuferpromenade, Elbuferweg und Elbstraße ist der beste Auftakt für alles etwaige Weitere. Der Bummel wäre theoretisch auch mit dem Rad möglich. Doch die malerische Altstadt will man langsamer erkunden. So gut wie jedes Haus scheint mit einer Plexitafel geschmückt, auf der die Geschichte des Gemäuers und der Generationen, die dort lebten und/oder wirkten, nachzulesen ist. Überall, wo sich heute eine Gastronomie oder Galerie befindet, möchte man durch die Tür treten. Sollte man auch.

Weiter geht's jetzt erst mal wie gekommen. Allerdings auf dem Iron Curtain Trail. Weiße EU-Sterne auf blauem Grund. Die Brücke muss man sich mit der lauten B 5 teilen. Gleich dahinter zweigt rechter Hand die Straße an der Palmschleuse zu eben jener ab.

KM 8

2 Lanzer See

Badepause mit Verpflegung

Der Lanzer See bei Basedow wird vom Elbe-Lübeck-Kanal durchflossen und ist nicht natürlichen Ursprungs, sondern durch Kiesabbau entstanden. Die Natur hat sich aber über die Zeiten sehr schön breit gemacht und ist an den östlichen Gruben sowie auf der kleinen Insel unter Schutz gestellt. Am Südufer befinden sich ein Naturcampingplatz, ein Ausflugslokal und die kleine Badestelle mit Sandkiste und Wasserrutsche. Auf ihr kann man ohne Bedenken ins Wasser gleiten. Die Wasserqualität wird regelmäßig überprüft. Umkleiden stehen zur Verfügung. Danach geht es auf die Terrasse des Gasthauses Lanzer See: gasthaus-am-lanzer-see.jimdosite.com

Fast immer am Kanal, fast durchgehend geradeaus. Wenn die Alte Salzstraße die Elbe überquert, rechts Richtung Altstadt.

Kleine Outdoor-Ausstellung am früheren Ende der Welt.

KM 38

5 Grenzstreifen-Museum

Den Eisernen Vorhang lüften

Die kleine Freilichtausstellung an der Landstraße ist aus einem länderübergreifenden Schulprojekt hervorgegangen. Schüler:innen aus Wittenburg (Mecklenburg-Vorpommern) und Büchen (Schleswig-Holstein) erforschten Geschichte und Entwicklung des grenznahen Raumes, sprachen mit Zeitzeugen, drehten einen Dokumentarfilm und konzipierten das Grenzstreifen-Museum. Dort lässt sich nachvollziehen, wie dichtmaschig der eiserne Vorhang die DDR von Westdeutschland abtrennte – fassen lässt es sich trotzdem nicht. Selbst dann nicht, wenn man die Zeiten selbst erlebt hat.

Dem Straßenverlauf einen Kilometer folgen. Links auf die Büchener Straße. Jetzt fährt man wieder auf dem Iron Curtain Trail. Ulkigerweise in die andere Richtung als zuvor.

KM 17,5

4 Palmschleuse

Auf starken Mauern balancieren

Vom Verkehr umtost, verbirgt sich am Ortsausgang von Lauenburg ein Technikwunder vor den Augen aller, die zu schnell unterwegs sind. Über die älteste Kammerschleuse Europas am ersten Wasserscheidekanal der Welt ging es schon im Mittelalter auf Stecknitzfahrt. Den eleganten Look aus behauenem Naturstein erhielt die Palmschleuse auf Geheiß von Georg I., König von Großbritannien und Kurfürst von Hannover. Das Halbrund der Schleusenkammer ist beidseitig begehbar. Wer die Augen aufhält, entdeckt die Wappentafel von 1724. Oder Reiher und Rehe, die durch die Stecknitz staken.

An der Palmschleuse weiter bis zur B 5. Dort links und nach wenigen Metern rechts auf die Dorfstraße und den Iron Curtain Trail. Ab Schwanheide Freistil. Am Ortsende links auf die Waldstraße.

Die Palmschleuse ließ George I., König von Großbritannien, erbauen.

Letztes Gotteshaus am Ostufer des Elbe-Lübeck-Kanals, die Marienkirche.

EXTRA INFOS:

Im ältesten Haus Lauenburgs, dem Messingschen Haus von 1573, werden in ● **Lucia's Genusseria & Consorten** by Schleckeis & Schleckermäulchen (www.schleckeis.de) frische Fischbrötchen und handgemachte Eiskreationen kredenzt.

Top-Altstadtlage, Top-Aussicht, und trotzdem keine Touristenfalle: Die ● **Schifferbörse in Lauenburg** (schifferboerse.eatbu.com) ist bekannt für sehr gute Fischgerichte zu angemessenen Preisen und für großzügige Küchenstücke zum Kaffee.

● **Gartenschläger-Eck**: Ein Gedenkstein erinnert an den Aktivisten Michael Gartenschläger, der 1976 durch ein Spezialkommando der Stasi hier erschossen wurde.

KM 46

6 **Priesterkate**

Kleine Wallfahrt

KM 48 » ZIEL

Bahnhof Büchen

In der geografischen Mitte des Herzogtums Lauenburg hielt die Ritterschaft in der frühen Neuzeit ihre Versammlungen ab. Heute beherbergt das Pastorat ein Kulturzentrum mit Café und zwei kleinen, ständigen Ausstellungen (www.buechen.de/kultur/priesterkate). Allerdings ist eher selten geöffnet. Wer vor verschlossener Tür steht, findet zwei weitere Objekttafeln mit QR-Codes, wie man sie schon von Stopp 1 kennt. Die erste Tafel befasst sich mit der Priesterkate, die andere mit der Marienkirche gegenüber. Der spätromanisch-frühgotische Bau war im Mittelalter ein bedeutender Wallfahrtsort. Rüttelt man auch dort vergebens an der Klinke, muss ein Rundgang um den Kirchhof die Pilgerreise ersetzen.

Nicht zwingend schön, aber schnell geht es entlang der Büchener Straße und Lauenburger Straße zum Bahnhof.

Die Priesterkate ist das älteste landwirtschaftliche Gebäude des Herzogtums.

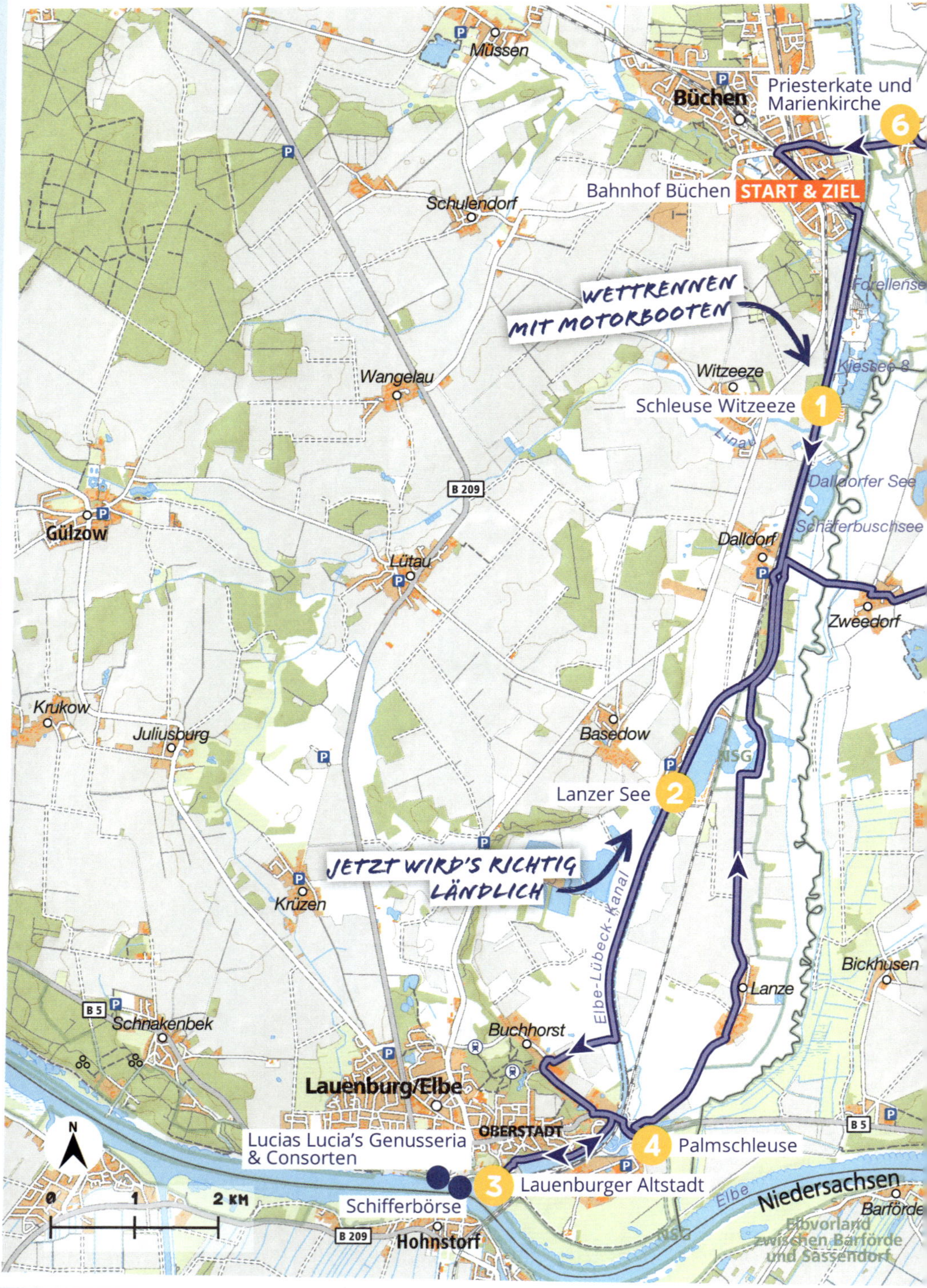

Müssen
Büchen
Priesterkate und Marienkirche
6
Bahnhof Büchen
START & ZIEL
Schulendorf
Forellensee
WETTRENNEN MIT MOTORBOOTEN
Witzeeze
Kiessee 8
Schleuse Witzeeze
1
Linau
Wangelau
B 209
Dalldorfer See
Schäferbuschsee
Gülzow
Dalldorf
Lütau
Zweedorf
Krukow
Juliusburg
Basedow
NSG
Lanzer See
2
JETZT WIRD'S RICHTIG LÄNDLICH
Elbe-Lübeck-Kanal
Krüzen
Bickhusen
Lanze
B 5
Schnakenbek
Buchhorst
Lauenburg/Elbe
OBERSTADT
Lucias Lucia's Genusseria & Consorten
4
Palmschleuse
3
Lauenburger Altstadt
Niedersachsen
Elbe
Barförde
Schifferbörse
0
1
2 KM
N
B 209
Hohnstorf
Elbvorland zwischen Barförde und Sassendorf

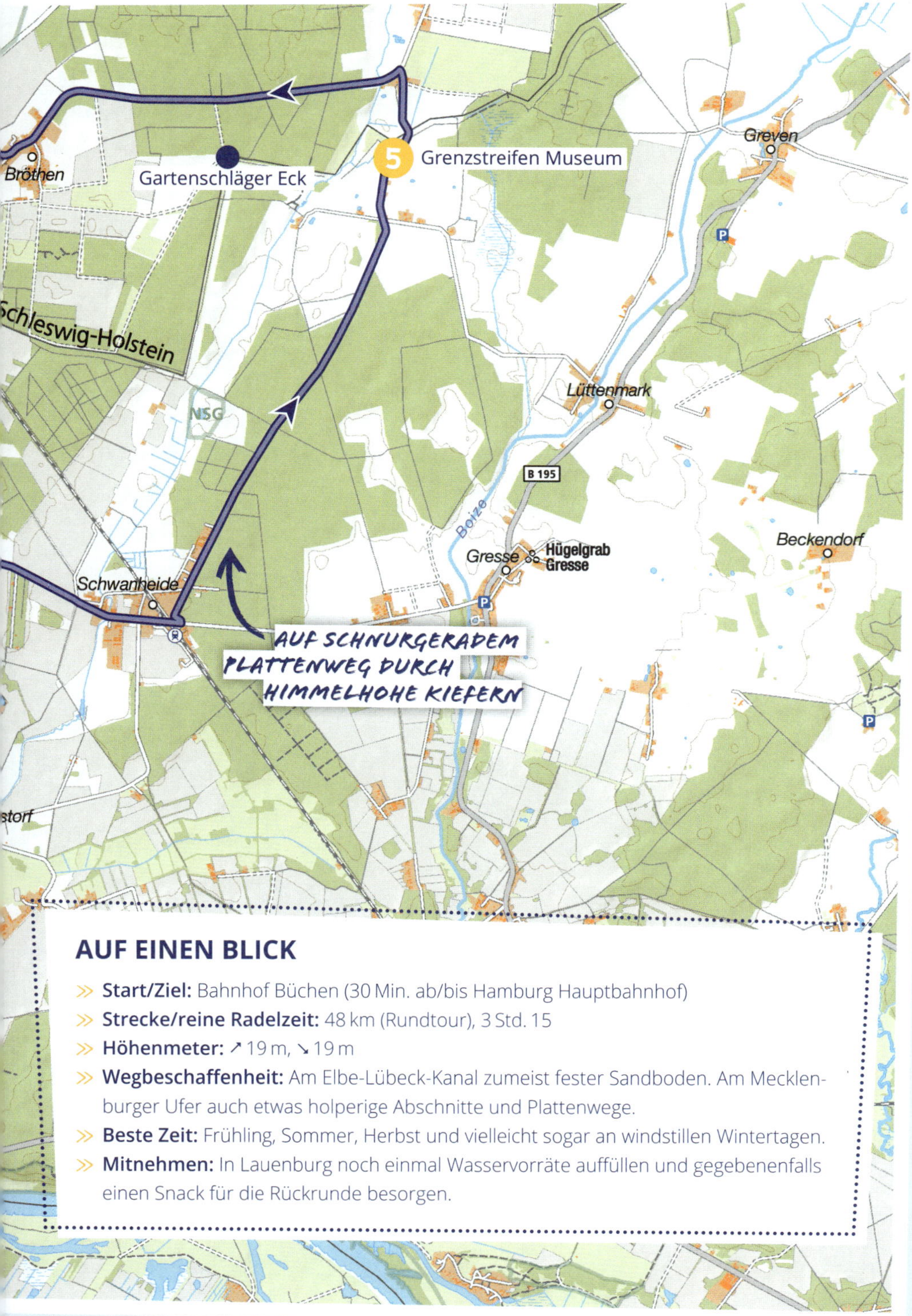

AUF EINEN BLICK

- **Start/Ziel:** Bahnhof Büchen (30 Min. ab/bis Hamburg Hauptbahnhof)
- **Strecke/reine Radelzeit:** 48 km (Rundtour), 3 Std. 15
- **Höhenmeter:** ↗ 19 m, ↘ 19 m
- **Wegbeschaffenheit:** Am Elbe-Lübeck-Kanal zumeist fester Sandboden. Am Mecklenburger Ufer auch etwas holperige Abschnitte und Plattenwege.
- **Beste Zeit:** Frühling, Sommer, Herbst und vielleicht sogar an windstillen Wintertagen.
- **Mitnehmen:** In Lauenburg noch einmal Wasservorräte auffüllen und gegebenenfalls einen Snack für die Rückrunde besorgen.

DIE RADELPAUSEN

» START
Bahnhof Winsen (Luhe)

KM 1,5
1 Luhegärten
In bunten Fantasien schwelgen

KM 8
2 Stöckte
Durch den Hafen stromern

KM 18
3 Stover Strand
Unter die Camper mischen

9

FLUSS-FAHRT MIT STORCH

Von Winsen (Luhe) nach Bergedorf (Bille)

»Auf der anderen Seite der Elbe / sind die Menschen nicht dasselbe.« So behauptet es der Volksmund. Macht man sich auf den Weg, das zu überprüfen, nimmt das Interesse an dieser Frage jedoch schnell ab und die Freude über die Fauna am Fluss immer mehr zu.

KM 22,5

4 Elbinsel Geesthacht
Fisch-Watching

KM 27

5 Besenhorster Sandberge
Das Geheimnis der Ruinen lüften

KM 34

6 Gedenkstätte Neuengamme
Einen Knoten ins Taschentuch winden

KM 42 » ZIEL

Bahnhof Bergedorf

DER DRITTE STORCH IST DER BESTE

» Beim ersten Storch ist man noch zu überrascht. Zu aufgeregt, wenn er da durch die hohen Wiesen stakst, kaum dass man das **Winsener Schloss** hinter sich gelassen hat. Ganz dicht am Deich, beinahe zum Greifen nah. Da bremst man noch zu abrupt, nestelt im schlimmsten Fall sogar nach der Kamera, stört damit den schwarz-weißen Glücksbringer und bekommt durch den Sucher nicht einmal mit, wenn er seine Flügel spannt und majestätisch davongleitet. Über die Gärten der Winsener hinweg, die so etwas für ganz normal halten.

BEIM DRITTEN STORCH WIRD EINEM KLAR: HINTERM DEICH LIEGT DAS MEKKA DER GLÜCKSBRINGER

Der dritte Storch ist der Beste, weil man nach dem zweiten zu angestrengt Ausschau hält. Erst beim dritten hat man's kapiert. Die **Illmenau-Luhe Niederung** ist vorwiegend für Klapperstörche unter Schutz gestellt. Bis 1822 glaubte man noch, Störche würden auf dem Meeresgrund Winterschlaf halten. Erst als in Mecklenburg ein Vogel erlegt wurde, in dessen Hals ein Pfeil aus Afrika steckte, kam man langsam auf die unfassbare Realität der Vogelzüge.

Das Land hinterm Deich ist ein Storchenmekka. Die ortstreuen Vögel kehren Jahr für Jahr zurück. Sie fühlen sich an der Illmenau genauso wohl wie an der Luhe und der Elbe. Dort macht man die schönsten Beobachtungen, wenn man sich ruhig auf eine Bank setzt und einfach abwartet. Die Elbe scheint hier eine ganz andere zu sein als der mächtige Flussgott in Hamburg City. Sanfter, schmaler, mit weicheren Kurven, verwunschenen Urwäldchen und den Stränden bei **Stove**, wo sich Störche sogar unter die Camper mischen. Nur das kolossale Sperrwerk bei **Geesthacht** scheinen sie zu meiden. Radfahrer:innen sind auch nicht verzweifelt, wenn sie es hinter sich lassen.

Jenseits wartet – zunächst in Schleswig-Holstein und bald darauf in Hamburg – eine ebensolche Ruhe wie drüben in Niedersachsen. Und die Störche suchen hinter den Gewächshäusern zwischen **Altengamme** und **Curslack** genauso gern nach Fröschen wie auf der anderen Seite der Elbe. «

Was man jenseits der Elbe machen kann? Alles, was Spaß bringt.

Das Wetter ist in Niedersachsen genauso toll wie in Hamburg.

Wer braucht schon Prachtalleen, wenn es die Elbe gibt?

RADELN & GENIEßEN

START

Bahnhof Winsen (Luhe)

Über die Bahnhofstraße zur Fußgängerzone. Anders als Einheimische erlaubt man sich als Gast natürlich nicht, das Schild zu ignorieren, das zum Absteigen auffordert. Es ist auch nur ein kurzes Stück bis zum Schlosspark.

Kurz und gut: der Hafenbummel in Stöckte.

KM 1,5

1 **Luhegärten**

In bunten Fantasien schwelgen

Hervorgegangen aus einer Landesgartenschau haben die Winsener ihre Luhegärten nicht nur ebenso sehr ins Herz geschlossen wie die Hamburger Planten und Blomen, sondern noch viel mehr. Nämlich so sehr, dass sie sich selbst engagieren. Der Parkbereich Gärtner-Fantasien wird von etlichen Freiwilligen gehegt und gepflegt. Man erreicht die Anlage mit Klostergarten, Meditationsgarten, Heilkräutergarten, Grünem Kabinett usw. vom Schlosspark in einer wunderschönen Minute entlang der Luhe. Saisonale Highlights setzen im Frühling Tulpenmeere und im Spätsommer die Dahlienblüte.

Ein Apothekergarten bildet den Auftakt der Winsener Fantasien.

Auf dem Ilmenau-Radweg geht es noch einmal am Schloss vorbei zur Deichstraße. Nach Querung der Hamburger Straße sagt man dem Autoverkehr tschüss und radelt direkt auf dem Deich.

KM 8

2 Stöckte

Durch den Hafen stromern

Gleich hinterm Sperrwerk mündet die Ilmenau in die Elbe. Bis in die 1970er-Jahre wurde der Stöckter Hafen als Industriehafen für die Binnenschifffahrt genutzt. Heute wirkt er wie eine Bilderbuchkulisse. Eine Werft, ein Silo, ein Hausboot, Schuppen, Boote und Duckdalben, es ist alles da, was Hafenstädter:innen lieben und sich definitiv aus der Nähe angucken müssen. Dabei findet man auch Sitzbänke mit Blumenkästen, Infotafeln zur Geschichte, zwei kleine Galerien und einen naturbelassenen Uferpfad am Ostufer.

Beim markanten DLRG-Häuschen von Hoopte geht es auf den Elberadweg. Auch wenn man sich die Straße zunächst eine Weile mit Autos teilt, ist alles super geregelt.

Die Schätzchen der Retro-Wagenburg können gemietet werden.

IM FRÜHJAHR TULPENFEST, IM SEPTEMBER DAHLIENBLÜTE

KM 18

3 Stover Strand

Unter die Camper mischen

Wer sich schon immer gefragt hat, was am Campen so toll sein soll, findet auf den Stover Plätzen etliche Antworten. Für Biber und Flussmuscheln sind es die Tiden, für Störche die Stillgewässer, Fasane lieben gemähte Wiesen und Fußballfelder, Schafe natürlich den Deich. Menschliche Gäste schwören mehr auf Badestrand, Bootsverleih und Beachclub. Im Hausboot Unsinkbar (www.unsinkbar-elbe.de) genießt man Bowls und Burger, auch in veganen Varianten. Der Ponton schaukelt so wunderbar auf den Wellen, wenn die nächste Motorjacht oder Fähre in den kleinen Hafen einläuft, dass man gar nicht wieder weg möchte. Muss man auch nicht (siehe Extra Infos).

Bis zum Uferwechsel am Sperrwerk von Geesthacht geht es immer geradeaus. Die Elbinsel kann beiderseits der Brücke erreicht werden. Und beide Seiten lohnen auch. Die Fischtreppe liegt rechter Hand.

KM 22,5

4

Elbinsel Geesthacht

Fisch-Watching

Bis Geesthacht sind Ebbe und Flut an der Elbe deutlich ausgeprägt. Eine gewaltige Staustufe begrenzt den Gezeiteneinfluss der Nordsee. Unter der Wehr- und Schleusenbrücke braust das Wasser um eine Elbinsel mit verschlungenen Auenwaldpfaden, hübschen Stränden und Europas größter Fischtreppe. Über 40 verschiedenen Fischarten konnte man hier von den 1960er-Jahren bis 2019 in ihre Laichgebiete wandern sehen. Dann machten schwere Schäden die Wanderung für Jahre unmöglich. Inzwischen hat der Bund seine Verantwortung für die Fischpopulation eingesehen. Wie schnell sie sich allerdings erholt, stand bei Redaktionsschluss noch nicht fest. Ein Grund mehr, selber ein Auge drauf zu werfen.

Achtung bei Kilometer 25. Dort weist am Borghorster Deich rechts eine Infotafel den Weg zur Borghorster Elblandschaft. Auf der Übersichtskarte ist der Rundweg durch dieses Naturschutzgebiet nachzuvollziehen.

Wollen Wanderfische nach Hamburg, müssen sie Störsteine und Treppen überwinden.

Unzählige Lost Places verstecken sich im Wald.

KM 27

5

Besenhorster Sandberge

Das Geheimnis der Ruinen lüften

Die Binnendünen der Besenhorster Sandberge wären an sich schon diesen Abstecher vom Elberadweg wert. Für Freunde von Lost Places ist das Naturschutzgebiet aber vor allem wegen der düsteren Bauten im Wald verführerisch. Hält man sich an der Infotafel am Schwarzen Weg rechts, tauchen linker Hand bald die ersten Ruinen auf, die so wirken, als hätte sich King Louis aus dem Dschungelbuch auf den Kriegspfad begeben. Die Wahrheit ist gar nicht so weit davon entfernt, aber noch um einiges düsterer und steht auf einer weiteren Tafel geschrieben. Zum Ausgleich gibt's auf dem ausgewiesenen Rundweg auch noch einige gute Nachrichten zum Schutz von Flora und Fauna.

Der Schwarze Weg erreicht den Elberadweg bei Borghorst. In Altengamme geht es auf dem Altengammer Hausdeich landeinwärts auf den Curslacker Deich.

KM 34

6 Gedenkstätte Neuengamme

Einen Knoten ins Taschentuch winden

Für die einen mag der letzte Stopp dieser Tour nach den vielen Eindrücken des Tages zu viel sein. Für die anderen ist er das thematisch. Und für die Dritten wären es undenkbar, nicht innezuhalten, um der 100 000 Menschen zu gedenken, die während des Zweiten Weltkriegs im Konzentrationslager Neuengamme (www.kz-gedenkstaette-neuengamme.de) inhaftiert waren. Die Hauptausstellung hat zwar vermutlich schon geschlossen. Doch am Schaukasten vor dem Gebäude kann man mittels QR-Codes die App herunterladen. Sie enthält einen Audioguide für die jederzeit mögliche Erkundung der 112 Stationen auf dem Außengelände. Denn dass man irgendwann wiederkommt, ist für alle eine Selbstverständlichkeit.

Zurück auf dem Curslacker Deich geht es auf der ausgeschilderten Vierländer Kirchentour zum Bahnhof in Bergedorf. Das Piktogramm zeigt eine rote, stilisierte Kirche.

EXTRA INFOS:

Unbedingt einen hausgemachten Kuchen wert ist das niedliche ● **Elbcafé** in Drennhausen bei Kilometer 16,5 (das-elbcafe.de). Von der erhöhten Aussichtsterrasse kann man über den Deich luschern, wie man in Hamburg sagt, und über die weiten Elbmarschen, wo das Obst für die Torten wächst. Herzhafte Kleinigkeiten und Crêpes (prima mit Lachs und Frischkäse) sind ebenfalls auf der Speisekarte zu finden. Wie immer auf dem Land gilt es, vorher die Öffnungszeiten zu checken.

Am Stover Strand gruppieren sich die zwölf Retro-Campingwagen von ● **Elbe Glamping** zu einer entspannten Glampingoase mit Outdoorküche, Hängematten und anderen Hangouts ganz dicht am Fluss. Mehr Infos unter elbe-glamping.de

Kein Vergessen.

KM 42 » ZIEL

Bahnhof Bergedorf

AUF EINEN BLICK

- **Start:** Bahnhof Winsen (Luhe) (ca. 20–50 Minuten ab Hamburg Hauptbahnhof)
- **Ziel:** Bahnhof Bergedorf (ca. 10–20 Min. bis Hamburg Hauptbahnhof)
- **Strecke/reine Radelzeit:** 42 km (Streckentour), 2 Std. 45
- **Höhenmeter:** ↗ 15 m, ↘ 13 m
- **Wegbeschaffenheit:** Es rollt sich gut auf Sand, Schotter, Asphalt. Auf, vorm, hinterm Deich. Kürzere Abschnitte auch entlang der Straße oder begleitend.
- **Beste Zeit:** Vor und nach den Sommerferien.
- **Mitnehmen:** Fernglas zur Storchenbeobachtung und/oder eine gute Kamera.

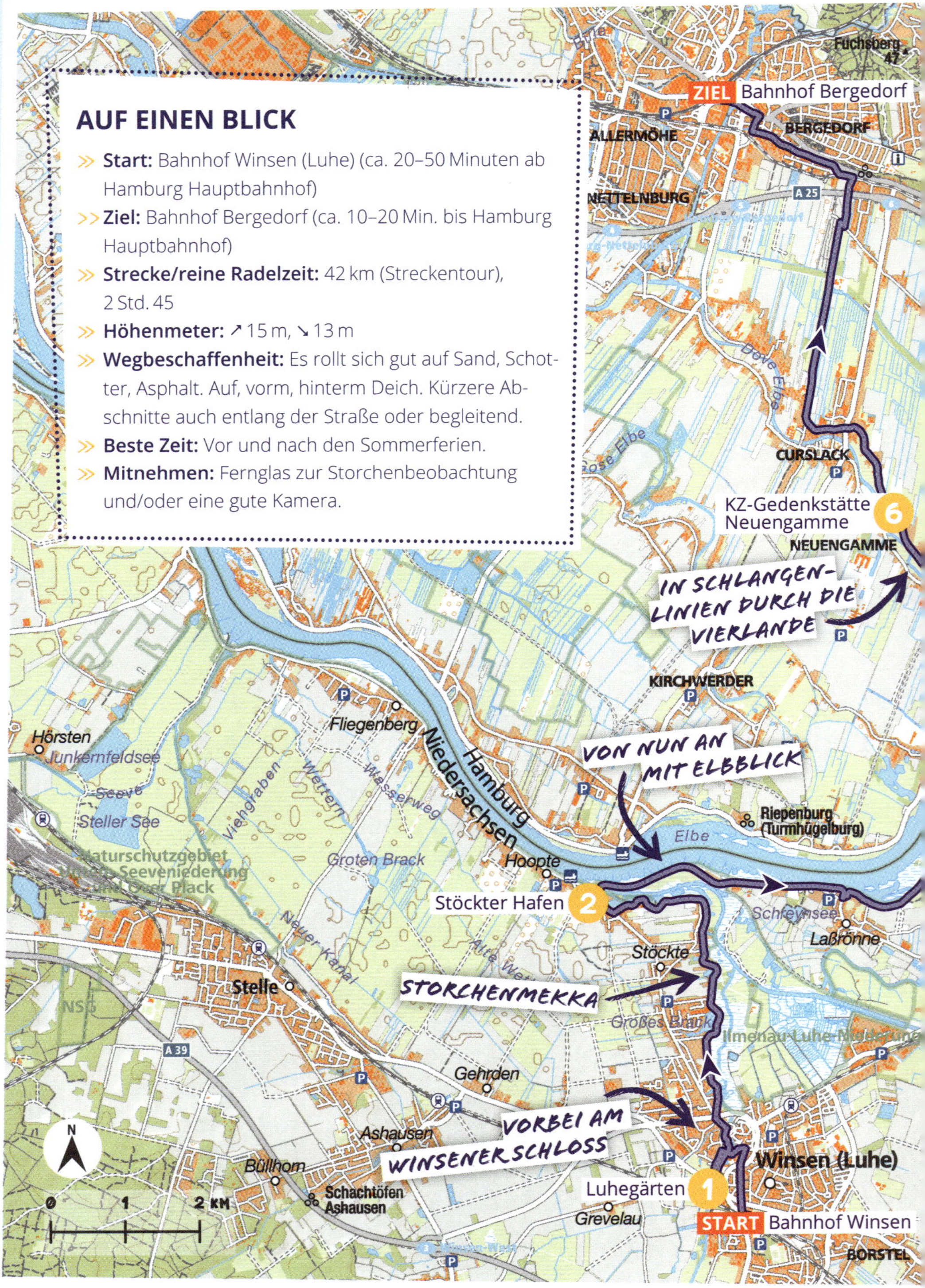

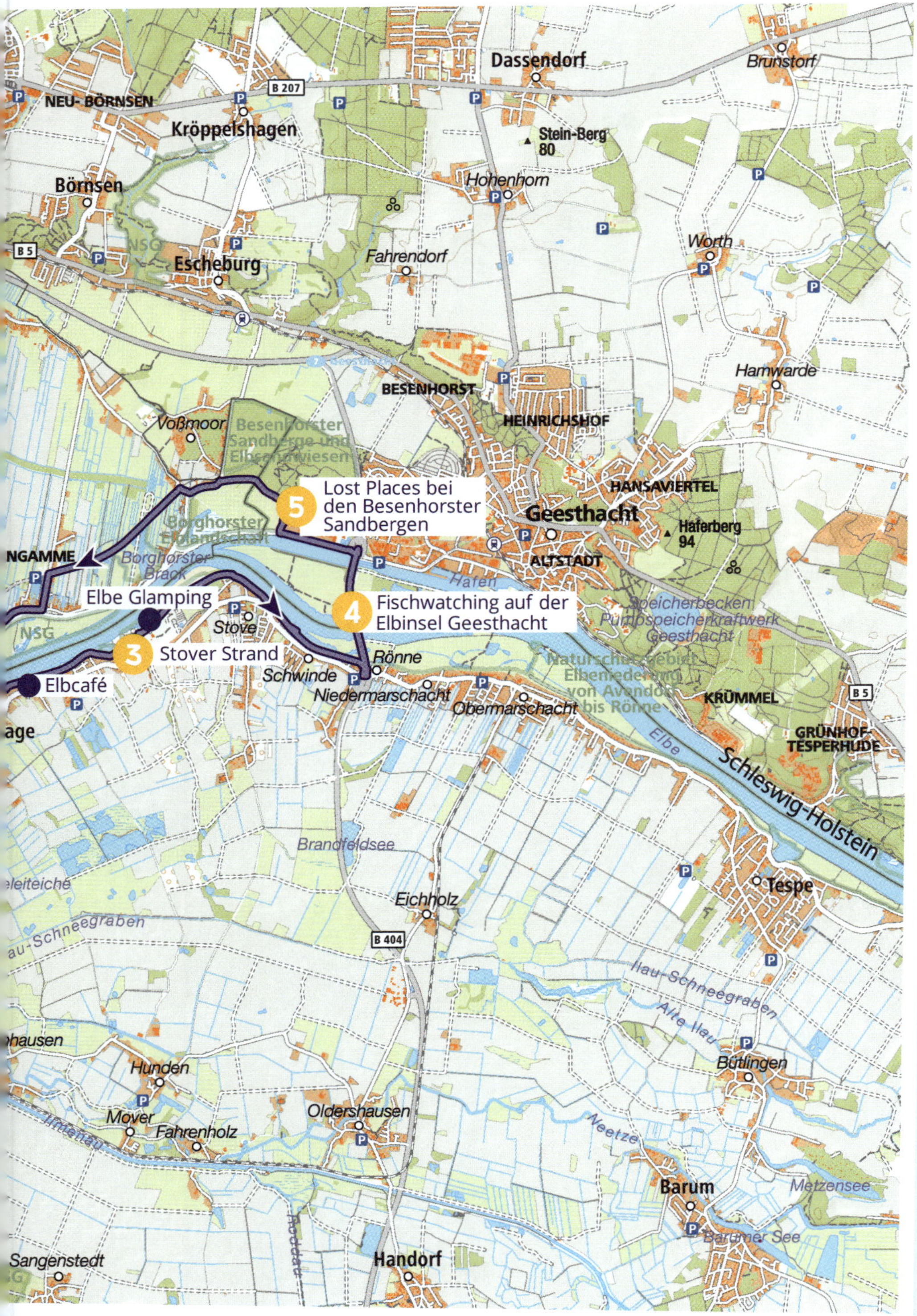

Dassendorf
Brunstorf
NEU-BÖRNSEN
B 207
Kröppelshagen
Stein-Berg
80
Börnsen
Hohenhorn
Worth
B 5
Escheburg
Fahrendorf
Hamwarde
BESENHORST
HEINRICHSHOF
Voßmoor
Besenhorster Sandberge und Elbsandwiesen
HANSAVIERTEL
Lost Places bei den Besenhorster Sandbergen
5
Geesthacht
Haferberg
94
Borghorster Elblandschaft
ALTSTADT
NGAMME
Borghorster Brack
Hafen
Elbe Glamping
4
Fischwatching auf der Elbinsel Geesthacht
Speicherbecken
Pumpspeicherkraftwerk Geesthacht
NSG
Stove
3
Stover Strand
Rönne
Naturschutzgebiet Elbeniederung von Avendorf bis Rönne
Elbcafé
Schwinde
Niedermarschacht
Obermarschacht
KRÜMMEL
B 5
GRÜNHOF-TESPERHUDE
Elbe
Schleswig-Holstein
Brandfeldsee
Tespe
Eichholz
B 404
Ilau-Schneegraben
Alte Ilau
Bütlingen
Hunden
Mover
Fahrenholz
Oldershausen
Neetze
Ilmenau
Barum
Metzensee
Barumer See
Sangenstedt
Handorf

DIE RADELPAUSEN

»START
Bahnhof Harburg

KM 6,5
1 Süderelbe
Einen Privatstrand suchen

KM 17,5
2 Hofcafé Löscher
Beeren zum Dessert

KM 19
3 Fähre Möwe
Passage zum Südpol

10

EIN TAG. EIN RAD. KEIN PLAN.

Entlang der Elbe von Harbug nach Billwerder-Moorfleet

Wenn man sich mal gar keine Gedanken über irgendwas machen möchte, sondern es einfach nur rollen lassen, sind anastomosierend Flüsse unschlagbar. So lautet der Fachbegriff für das Binnendelta der Elbe, wo eine Radtour zum inneren Reset-Button wird.

KM 20
4 Zollenspieker
Rund um's Fährhaus

KM 26
5 Hohendeicher See
Sprung in den See, dessen Namen keiner nennt

KM 36,5
6 Tatenberger Schleuse
Die nächste Tour planen

KM 39 » ZIEL
S-Bahnhof Billwerder-Moorfleet

»OH NEIN, NOCH 6 MINUTEN WARTEN!«

» Wer beim Blick aufs Display der S-Bahn so oder ähnlich denkt, hat ziemlich sicher vor lauter Stress das rechte Gefühl für die Zeit verloren. Dann ist es allerhöchste Eisenbahn, es wiederzufinden. Zur Vorbereitung reicht ein kurzer Blick auf die Karte für den Weg vom **Harburger Bahnhof** bis zur Süderelbe und von der Norderelbe bis zum Ziel in Billwerder-Moorfleet. Der Rest ist einfach: immer am Deich lang.

Man erreicht ihn in **Neuland**, wo zwar wenig neu, aber viel Land ist, und dann ist man auch schon in Niedersachsen. Von den abgeschotteten Villen am Elbstrand in **Bullenhausen** bis zu den süßen Wochenendhäuschen auf Stelzen in **Over** scheinen die Leute hier gern für sich zu sein. Aber wer ist das nicht hin und wieder. Muss man jedenfalls nicht alle naselang Moin sagen, wie das sonst rund um Hamburg der Fall ist. Stattdessen kann man sich ganz dem Rhythmus des Radfahrens hingeben, seinen Takt finden, dieses perfekte Tempo, bei dem der eigene Gedankenfluss irgendwann wieder so gemächlich dahinströmt wie die Elbe.

HERRLICH, WENN MAN IRGENDWANN SPÜRT, DASS DIE GEDANKEN SO RUHIG DAHINZIEHEN WIE DIE ELBE

Spätestens in **Hoopte** fühlt man sich wieder im Einklang mit der Welt und im Übrigen auch herzlich willkommen. Dort ist man schließlich seit Jahrhunderten an Gäste aus Hamburg gewöhnt. Mindestens seit 1260 existiert die Furt rüber zum **Zollenspieker**, dem südlichsten Punkt der Hansestadt.

Wie es weitergeht, ist Geschmackssache. Der Radweg binnendeichs ist eine echte Schnellpiste, allerdings begleitet von Autoverkehr. Butendeichs geht es ruhiger und ein wenig holpriger zu – auf Sand, Schotter, Plattenwegen und Natur pur, streckenweise am Rande kleiner Uferurwäldchen, teils sehr dicht am Wasserrand. Vielleicht wechselt man auch hin und wieder die Deichseite bis zum Zubringer auf den **Uferweg des Hohendeicher Sees**.

Im **Spadenland** schnurren die Kilometer nur so runter. Bald ist die **Tatenberger Schleuse** erreicht, der letzte Ruhepol vor der hektischen Großstadt. Leider. Leider. Aber auch nur bis zur nächsten Tour. «

In Bullenhausen reichen die Schrebergärten bis an die Elbe.

Zwei Möwen bewachen den Anleger der Möwe II.

Ob davor, dahinter oder on top – es geht immer am Deich lang.

RADELN & GENIEßEN

START

Bahnhof Harburg

Den P+R-Schildern im Bahnhof zum Hinterausgang an der Hörstener Straße folgen. Durch die Unterführung zum Elbcampus. Auf der Schlachthofstraße zur B 73. Dort von den Radpiktogrammen an die Elbe leiten lassen.

Die Tide deckt kleine Strände auf oder zu.

KM 6,5

1 **Süderelbe**

Einen Privatstrand suchen

Die erste Bank an der Süderelbe steht direkt hinter der Landesgrenze. Von dort kann man auch die erste kleine sandige Badestelle sehen. Ist die erste Bank und/oder Badestelle bereits besetzt, nimmt man einfach die zweite. Oder die dritte. An beidem gibt's keinen Mangel auf dieser Tour. Weder hier noch auf der anderen Seite. Flach abfallend, von Bäumen beschattet, manchmal auch mit Schaukeln, Bänken oder Kletterseilen ausgestattet. Aber natürlich: Tiden und Strömung der Elbe sind nicht ohne. Plantschen ist sicherer als Schwimmen.

Immer am Deich lang bis Hoopte.

UNTEN AM FLUSS WARTEN KINDHEITSGEFÜHLE

Staufreie Fahrt seit 1252: die älteste Fährverbindung Deutschlands.

KM 19

3 Fähre Möwe

Passage zum Südpol

Von der Harley bis zum Hollandrad – eins haben alle norddeutschen Zweiradfahrer:innen gemeinsam: Kommt ein Fähranleger in Sicht, steht eine Pause an. Egal, wie kurz die letzte her ist. Allemal in Hoopte, wo sich die Ilmenau mit der Elbe vereinigt. Tische und Bänke an der Waterkant, Pommes, Eis, Fischbrötchen und jede Menge Schaulustige gibt's in Hoopte genau wie am Zollenspieker. Noch toller ist es natürlich, wenn man selbst aufs Schiff darf. Kommt man mit der Hoopter Möwe 2 oder ihrer kleinen Schwester, der Spieker Möwe, am anderen Ufer an, ist es fast, als würde man mit der Queen Mary im Hafen einlaufen. Infos zu Preisen und Abfahrtszeiten unter erlebnis-reederei.de

Links der Slipanlage sammeln sich die Räder. Der Fährmann gibt ein Zeichen, wenn es an der Zeit ist, an Bord zu rollen, und weist den Parkplatz zu. Drüben angekommen, am besten alle Autos vorfahren lassen und als letzter Passagier den Anleger hoch. Sicher ist sicher.

KM 17,5

2 Hofcafé Löscher

Beeren zum Dessert

Im Hofcafé Löscher (www.hofcafe-loescher.de) sitzt man drinnen mit Elbblick oder auf der Terrasse nach hinten heraus, speist traditionell gut, in jeden Fall saisonal und irgendwas mit Beeren. Himbeeren und Blaubeeren kommen vom eigenen Feld und schmecken als Shake, zum Salat, auf Kuchen und Torten oder pur. Von April bis Juni ist die Spargelkarte fulminant, der zweite Schwerpunkt sind Erdbeeren – die gibt's bei Löschers von Mai bis August. Sollte etwas Litauisches auf der Karte stehen: unbedingt bestellen. Die Köchin hat die Rezepte aus der Heimat mitgebracht. Wer nicht einkehren möchte, kann sich auch im superschönen Hofladen für ein Picknick eindecken. Vielleicht ja gleich gegenüber auf dem Deich. Von dort kann man den alten Hof nebst Wasserturm am besten bewundern.

Der Fähranleger ist vom Hofladen schon zu sehen.

Erfrischend traditionell: kalte Rote-Beete-Suppe mit Kefir und Dill.

Das Pegelhäuschen beherbergt das kleinste Restaurant der Welt.

KM 26

5 Hohendeicher See

Sprung in den See, dessen Namen keiner nennt

Man kann sein ganzes Leben in Hamburg wohnen, ohne je auf Leute zu treffen, die zum Surfen, Segeln, Schwimmen oder sogar Eisbaden an den Hohendeicher See fahren. Das liegt daran, dass alle Welt den Baggersee hinterm Deich nur unter dem Namen Oortkaten See oder Oortkatener See kennt. Wieso er nicht offiziell so heißt, versteht kein Mensch. Warum er gern für Campingtrips angesteuert wird, checkt man gleich am Westufer. Mit 2260 Meter Länge, 440 Meter Breite und 19 Meter Tiefe ist er für alles gut, was man auf, im und am Wasser so machen kann. Bis zum Südufer passiert man noch zwei weitere Strändchen, beide mit sanitären Anlagen und Kiosk.

Zunächst wie gewohnt immer am Hauptdeich lang. Bei Kilometer 35 dem Piktogramm rechts auf den Hauptschläger folgen. Die Profis radeln zwar weiter geradeaus, aber das ist ganz schön abenteuerlich zwischen den Autos und LKWs.

KM 20

4 Zollenspieker

Rund um's Fährhaus

Das ebenso beliebte wie traumhaft schöne Fährhaus am Zollenspieker (www.zollenspieker-faehrhaus.de) tauchte schon in den Reisenotizen von Hans Christian Andersen und Heinrich Heine auf. Ab den 1870er-Jahren entwickelte sich der südlichste Punkt der Hansestadt mit Kaffeegarten, Tanzsaal und unbezahlbarer Aussicht zum place to be. Mehr zur Geschichte der ehemaligen Zollstation gibt's auf zwei Infotafeln nachzulesen. Die erste steht an der Kaimauer vis-à-vis dem alten Pegelhäuschen. Für die zweite folgt man dem Uferweg gegen den Uhrzeigersinn bis zu dem Punkt, wo Hotelneubau und Traditionshaus sich treffen. Dort geht es auch zu Sonnenterrasse und Biergarten.

Immer am Deich lang.

Blick über den Oortkatener See.

An der Tatenberger Schleuse mündet die Dove-Elbe in die Norderelbe.

LETZTE ATEMPAUSE VOR DER GROSSEN STADT

KM 36,5

6 Tatenberger Schleuse

Die nächste Tour planen

Für den letzten Stopp für heute gibt's ein bisschen was zu planen. Inzwischen ist man dazu auch wieder in der Lage. Der Stress ist abgefallen und die Aufgabe nicht zu groß. Einfach nach einem Hofverkauf oder Ständen am Straßenrand schauen und dann die schönsten Stachelbeeren oder Aprikosen mitnehmen, um an der Tatenberger Schleuse eine letzte Pause einzulegen. Wer Tour 2 schon geradelt ist, weiß, dass hier an der Dove-Elbe das Drehkreuz der Rennradfahrer und Veloflaneuere liegt. Wer sie noch vor sich hat, kann sich schon mal darauf freuen.

Der Weg zur S-Bahn ist von der Schleuse über Brennerhof und Unterer Landweg ausgeschildert.

KM 39 » ZIEL

S-Bahnhof Billwerder-Moorfleet

EXTRA INFOS:

Ein Biergarten am Fluss, da schmeckt das Eis gleich doppelt gut. Öffnungszeiten der ● **Strandhalle** in Over unter strandhalle-over.iehours.com/de

Runter vom Rad und sich verwöhnen lassen: Ein ● **Melkhus** ist der ideale Rastplatz. In den liebevoll gestalteten Häuschen kredenzen Landfrauen ihren Gästen leckere Milchspezialitäten. So auch in Over: www.facebook.com/MelkhusOver

An der ● **Alten Badestelle am Zollenspieker** baumelt Hamburgs südlichste Strandschaukel am Baum.

AUF EINEN BLICK

» **Start:** S-Bahn Harburg (ca. 13 Min. ab Hamburg Hauptbahnhof)
» **Ziel:** S-Bahn Billwerder-Moorfleet (10 Min. bis Hamburg Hauptbahnhof)
» **Strecke/reine Radelzeit:** 39 km (Streckentour), 2 Std. 30
» **Höhenmeter:** ↗ 19 m, ↘ 16 m
» **Wegbeschaffenheit:** Fast durchgehend Asphalt, vorm Deich auch Wiesen-, Sand-, Schotter-, Plattenwege.
» **Beste Zeit:** Ganzjährig bei Windstille.
» **Mitnehmen:** Badezeug, Kleingeld für Fähre und Vertrauenskassen.

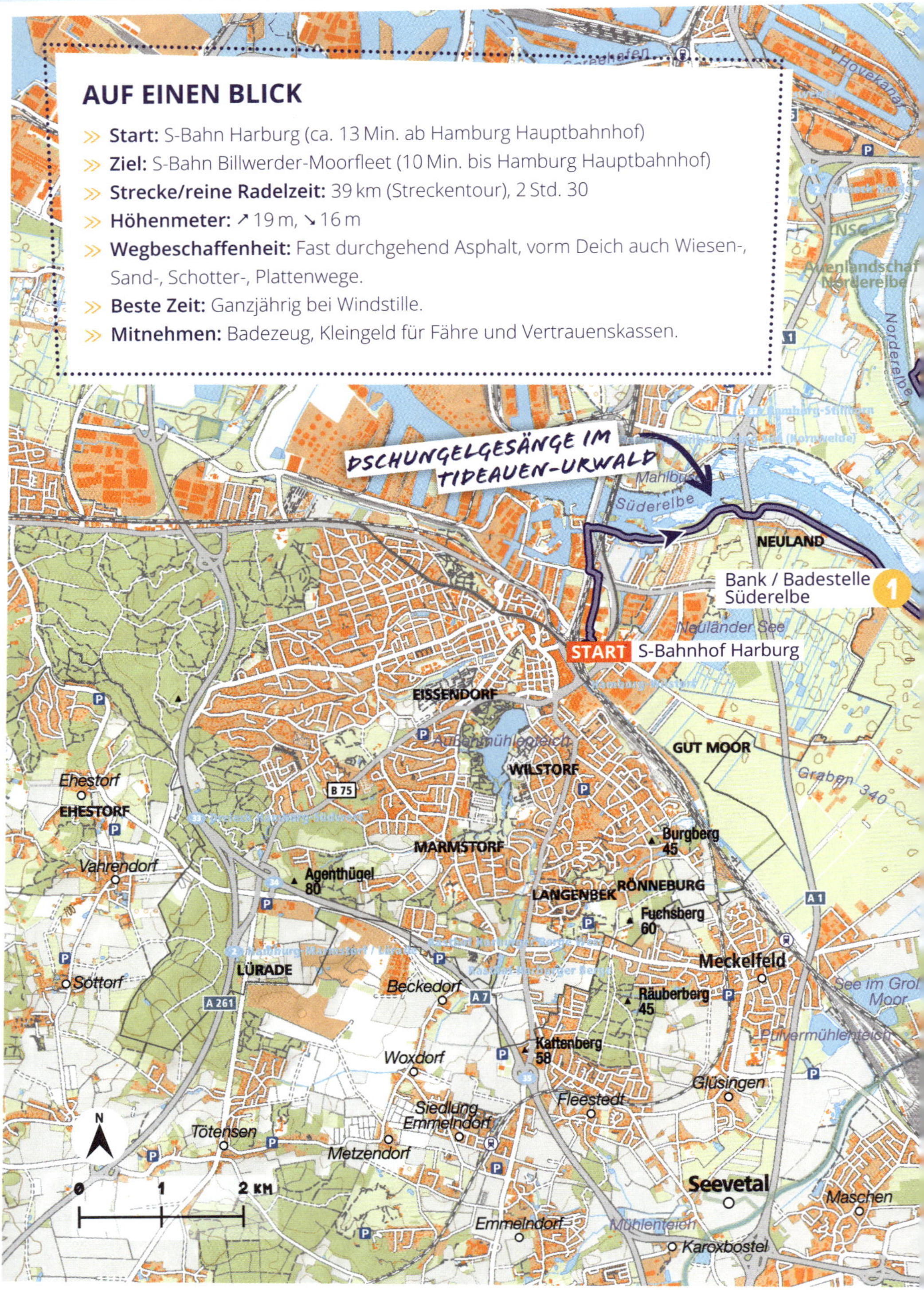

ZIEL S-Bahnhof Billwerder-Mohrfleet
6 Tatenberger Schleuse
5 Hohendeicher See
4 Zollenspieker Fährhaus
3 Fähre Möwe
2 Hofcafé Löscher
Alte Badestelle am Zollenspieker
Biergarten Strandhalle
Café Melkhus
WEITBLICK BIS ZUM FERNSEHTURM
TESTSTRECKE: LIEBER VOR ODER HINTER DEM DEICH?
AM RANDE DER SAVANNE VON HAMBURG
Hamburg
Niedersachsen
Elbe
Dove Elbe
Gose Elbe
Havighorst
LOHBRÜGGE
BILLWERDER
Bergedorfer Schloss
BERGEDORF
NEUALLERMÖHE
ALLERMÖHE
NETTELNBURG
REITBROOK
CURSLACK
KIRCHWERDER
Riepenburg (Turmhügelburg)
HAGOLT
Fünfhausen
Howe
Fliegenberg
Baggersee
Boberger Kiessee
Boberger Niederung
Allermöher Wiesen
Allermöher See
Tatenberger Yacht Club
Küsterbrack
See hintern Horn
Sandbrack
Hohendeicher See
Stöckter Hafen
Schreyersee
Steller See
Groten Brack
Naturschutzgebiet
Ilmenau
Bille
A 1
A 25
Ring 2

DIE RADELPAUSEN

» START
Bahnhof Buchholz

KM 3
1 Museumsdorf Seppensen
Zur Schule der Hedjer gehen

KM 9
2 Kunststätte Bossard
Der Kunst huldigen

KM 13
3 Café BOOK
Schlemmen und Schmökern

11

LUFTKUR IN KULTUR-NATUR

Von Buchholz über Jesteburg nach Meckelfeld

Drei Viertel dieser Tour sind Heideromantik pur, Fachwerk unter Reet, Waldvergnügen und kultureller Leckerbissen. Das letzte Viertel auf ebenen Wegen durch Wiesen und Felder bis zu den Badeseen ist gut, um die vielen Eindrücke wirken zu lassen.

KM 15

4 Klecker Wald
Ein Märchen erdenken

KM 23

5 Horster Mühle
Klappern und Rauschen hören

KM 27,5

6 Maschener See
Abendsonne tanken

KM 32,5 » ZIEL

S-Bahnhof Meckelfeld

EINE REISE IN DEN SÜDEN …

» … ist immer eine gute Idee. Unter anderem, weil der Metronom mit Fahrradwaggons ausgestattet ist. So gelangt man ganz ohne blauen Flecken vom ständigen Aus-dem-Weg-gehen in die Nordheide. Dort wirkt der Bahnhof **Buchholz** erst einmal ganz normal und nicht wie das erträumte Heideidyll. Aber dann.

Schon auf der Gleisüberführung ist der beliebte Heidschnuckenweg ausgeschildert, und das erste Schild des Weser-Leine-Radwegs sieht man bereits vom Fuß der Treppe. Er leitet so schnell und ortsunkundigenfreundlich in die Natur, wie es nur in Landstrichen der Fall ist, die sich seit Jahrzehnten auf Urlaubsreisende eingestellt haben. Die 3,5 Kilometer reichen gerade aus, um genügend oft tief Luft zu holen. Sie duftet nicht bloß nach den ätherischen Ölen. Sie schmeckt wie der Wald selbst. Oder vielleicht geht das auch nur Stadtmenschen so, die ganz vergessen haben, wie herrlich das ist.

VON DER WÜRZIGEN WALDLUFT KANN MAN NICHT GENUG BEKOMMEN. MAN MÖCHTE SIE TRINKEN

Man kann ja so vieles vergessen: Böden, so sandig, dass ein nahendes Auto sich mit einer gewaltigen Staubwolke ankündigt. Menschen, die mitten im Wald leben. Von Tannen umstandene Felder. Libellen, die über Seerosen tanzen und Ufer, an denen es im Gras vor winzigen Fröschchen nur so wimmelt. Das erste Gewässer ist der Teich beim **Museumsdorf in Seppensen**. Das nächste ein Fluss, einige Hundert Meter weiter im Wald bei der malerischen Ruine der Seppensener Mühle. Eine Heidelandschaft gibt's es kurz hinter **Lüllau** zu genießen. Die ist allerdings Teil eines Gesamtkunstwerks.

Denn Heide, das ist eben keine ursprüngliche Natur, sondern eine pflegeintensive Kulturlandschaft. Vermutlich haben die Nordheidianer eben darum dieses spezielle Händchen dafür entwickelt, alles in ihrer Umgebung entzückend herauszuputzen. Das ist in **Jesteburg** genauso wie in **Bendestorf**, wo einst die großen Heimatfilme gedreht wurden. Bei den bewaldeten Hallonen, ist **Maschen**, früher Merschene, erreicht. Das meint im Niederdeutschen Ende der Marsch und für diese Tour die letzte Etappe des Heidetörns. «

RADELN & GENIEßEN

Reetdachhäuser unter hohen Eichen in Jesteburg

START

Bahnhof Buchholz

An der Rütgerstraße links halten, dann taucht gleich die nächste Markierung des Leine-Heide-Radweges auf.

KM 3

1

Museumsdorf Seppensen

Zur Schule der Hedjer gehen

Sniers Hus, Schneiders Haus, heißt die mehr als 300 Jahre alte Kate, um die sich ein Freilichtmuseum gruppiert. Der modernste Bau ist die Schule von 1880. Hier wurde noch bis Mitte der 1970er Jahre unterrichtet. Heute erzählt eine multimediale Ausstellung in dem roten Backsteinbau von Schäfern, Imkern, Landarbeiterinnen, Eisenbahnern und Heidschnucken. Geöffnet ist nur am Wochenende. Im Sommer finden zusätzlich Veranstaltungen und Vorführungen alten Handwerks statt. Auf den Dorfplatz, um den sich Fachwerkhäuser und Bauerngarten maximal malerisch reihen, darf man aber jederzeit. Mehr unter gmv-buchholz.de

Weiter auf dem Leine-Heide-Radweg bis zur Seppensener Mühle. Links hoch auf An der Mühle bis Lüllau. Dort der Dorfstraße rechts ein kurzes Stück folgen, bis links der Bossard Weg abzweigt.

Die denkmalgeschützte Seppensener Dorfschule.

KM 9

2 Kunststätte Bossard
Der Kunst huldigen

Kunstschaffende sind gern exzentrisch. Allemal Expressionist:innen. So auch das Künstlerpaar Jutta Bossard-Krull und Johann Michael Bossard. Um alle Künste miteinander zu vereinen und ein alternatives Leben zu führen, verwandelten sie ab 1913 ein Waldgrundstück in eine Anlage mit Baumtempeln, Skulpturenreihen, Kloster-, Gemüse-, Stein-, Obst- und Blumengärten, Heidefläche, Ackerfläche. Neben ihrem Heidehaus im Heimatschutzstil errichteten sie auch einen Kunsttempel, um »den sehnsüchtigen, jungen Menschen der Großstadt ... zum Naturgenuß der weiten Ebene und des Hohen Himmels des Niederdeutschen Landes ... ein schönheitliche Quelle, eine Stätte innerer Einkehr« zu ermöglichen. Das und die Auseinandersetzung um den Umgang der Bossards mit dem NS-Regime macht den Besuch extrem interessant. Weitere Infos unter www.bossard.de

Von der Kunststätte Bossard rechts in den Wald und nach Jesteburg runterrollen lassen. Dort der Ausschilderung in die Ortsmitte folgen.

Frischzellenkur in Jesteburg.

KM 13

3 Café BOOK
Schlemmen und Schmökern

Am Niedersachsenplatz versöhnt die wunderschöne Architektur mit dem Verkehr auf der Dorfstraße – und ein Heide-Booster (Rote Beete, Apfel, Zitrone und frische Minze) mit der Tatsache, dass man zu spät für die tolle Frühstückskarte ist. Der Look vom Café BOOK (cafe-book.de) wirkt nicht bloß so, als hätten Redakteurinnen einer Frauenzeitschrift Hand angelegt. Es ist ein Café, in dem Redakteurinnen einer Frauenzeitschrift Hand anlegen beziehungsweise es führen. Dementsprechend fantasievoll fallen Flammkuchen und Kuchen aus. Lesen spielt natürlich auch eine Rolle: Während der Einkehr darf man sich am antiquarischen Bücherregal bedienen, und eine erlesene Auswahl von Büchern wird zum Kauf angeboten.

Einfach dem Begleitweg der Hauptstraße/Harburger Straße folgen. Akustisch ist dies eine Durststrecke. Dafür aber nur kurz.

Mehr als hundert Jahre alt und erstaunlich zeitgeistig: Gesamtkunstwerk Bossard.

KM 15

4

Klecker Wald

Ein Märchen erdenken

Am verträumten Hofcafé Lohof startet ein Märchenpfad durch den idyllischen Klecker Wald (www.lohof.de). Ausgeschildert mit einem Zauberstab, ausgedacht von einer echten Expertengruppe – nämlich Kindern einer Realschulklasse aus Neu Wulmstorf –, schlängelt er sich 3,5 Kilometer an fantasievollen Holzgestalten vorbei über Stock und Stein. Mit Begleitbuch vom Tourismusverein Jesteburg funktioniert er wie eine Schnitzeljagd, ohne weitere Erklärung wie ein Impro-Märchen. Man kann sich aber auch einfach verzaubern lassen von Wassernymphen und Waldwichteln, fliegenden Tannenzapfen und federnden Pfaden.

Noch ein Stückchen Chaussee, dann wird es viel ruhiger, wenn es hinter der Tankstelle rechts auf den Seevewanderweg geht. Kurz nach dem Bendestorfer Wehr links in die Stille. An der Horster Landstraße links.

DER KLECKER WALD WÄRE AUCH WAS FÜR DEN NÄCHSTEN KINDERGEBURTSTAG

Was am Heidehimmel wohl zu sehen ist?

115 Mühlen säumen die Niedersächsische Mühlenstraße.

KM 23

5

Horster Mühle

Es klappern und rauschen hören

Die Seeve ist ein eiskaltes Flüsschen.

In Horst fällt zum letzten Mal auf dieser Tour ein Schild der Niedersächsischen Mühlenstraße ins Auge. Das erste ist es beileibe nicht. Denn kein Bundesland hat auch nur annähernd so viele Mühlen zu bieten wie Niedersachsen. Allerhöchste Zeit also, sich auch mal eine der rund 400 Schönheiten anzusehen. Seit 1888 dreht sich das Rad der Horster Mühle in der Seeve (www.horstermuehle.de). Das beliebte Ausflugslokal im Mühlengebäude hat begrenzte Öffnungszeiten, aber über geschlossene Gasthaustüren muss man sich nicht grämen. Dann hat man das reißende Heideflüsschen vielleicht ganz für sich.

Von nun an dem Ring 3 des Seeveradwegs folgen.

KM 27,5

6 Maschener See

Abendsonne tanken

Der See im Maschener Moor eignet sich perfekt, um die letzten Sonnenstrahlen zu genießen, bevor es zurück ins Stadtleben geht. Vielleicht hört man in der Ferne schon die Züge rattern. Denn gleich hinter den Bäumen rangieren sie auf dem weltgrößten Bahnhof seiner Art. Schon interessant, dass er weniger Lärm produziert als eine normale Straße. Fährt man links um den See, erreicht man nach einigen Hundert Metern kleine Sanddünen. Rechts herum bieten sich die ersten beiden freien Uferstellen für das letzte Sonnenbad an. Zum einen, weil die großen Steine prima Logenplätze sind. Zum anderen, weil kurz dahinter auf der grünen Wiese Freikörperkultur zelebriert wird.

Umfangreiche Bauarbeiten am Bahnhof Maschen können noch bis 2027 für Umwege sorgen. Auf eine immer aktuelle Ausschilderung nach Meckelfeld kann man sich aber verlassen.

EXTRA INFOS:

Mit belegten Broten und frischen Suppen eröffnet das ● **Café im Hof** in der Kunststätte Bossard (www.bossard.de) den Mittagstisch im Innenhof des Wohn- und Atelierhauses. Wie beim selbstgebackenen Kuchen wird auf regionale Zutaten gesetzt, wenn möglich aus dem eigenen Garten.

Zur Spargel- und Erdbeerzeit finden sich Verkaufsstände an so gut wie allen größeren Straßen und auf etlichen Höfen.

KM 32,5 » ZIEL

S-Bahnhof Meckelfeld

Der See im Maschener Moor zählt zu den größten im Landkreis Harburg.

AUF EINEN BLICK

» **Start:** Bahnhof Buchholz (22–27 Min. ab Hamburg Hauptbahnhof)
» **Ziel:** S-Bahnhof Meckelfeld (16 Min. bis Hamburg Hauptbahnhof)
» **Strecke/reine Radelzeit:** 32,5 km (Streckentour), 2 Std. 45
» **Höhenmeter:** ↗ 44 m, ↘ 95 m
» **Wegbeschaffenheit:** Meist Asphalt, einige Kilometer auf gut befahrbarem Schotter oder durch den Wald.
» **Beste Zeit:** Frühling, Sommer und Herbst.
» **Mitnehmen:** Zecken- und Mückenschutz.

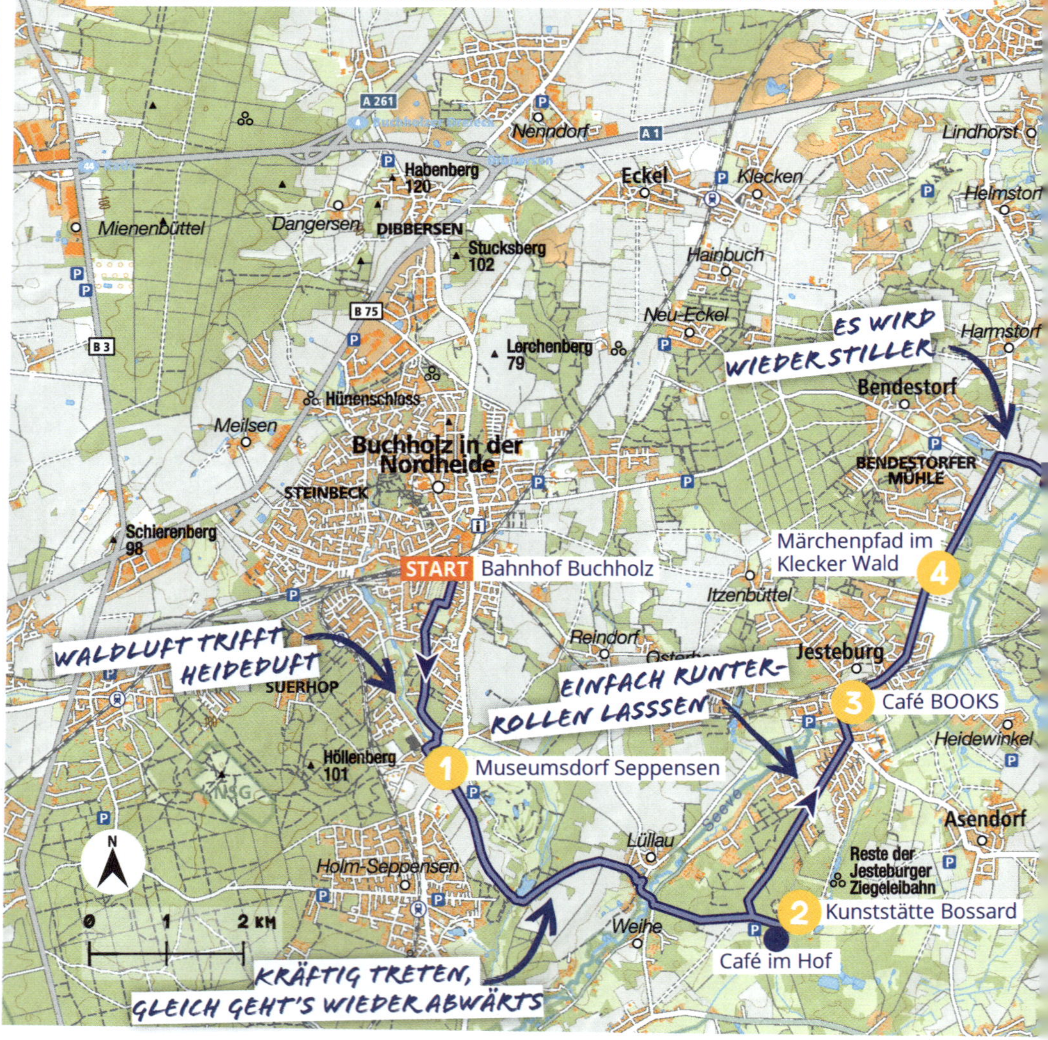

ZIEL S-Bahnhof Meckelfeld
6 Maschener See
5 Horster Mühle
Meckelfeld
See im Großen Moor
Hörsten
Junkernfeldsee
Seeve
Steller See
Naturschutzgebiet Untere Seeveniederung und Over Plack
Seevetal
Maschen
Maschen-Heide
Die Hallonen 49
Horst
Stelle
Rosenweide
Klein-Rosenweide
Fliegenberg
Howe
Kirchwerder Wiesen
KIRCHWERDER
Tideelbe von Rönne bis Bunthauser Spitze
Elbe
Hoopte
Stöckter Hafen
Ilmenau
Stöckte
Großes Brack
Groten Brack
Viehgraben
Wettern
Wasserweg
Alte Wettern
Neuer Kanal
Gehrden
Winsen (Luhe)
Ashausen
Büllhorn
Schachtöfen Ashausen
A 39
A 1
A 7
Greveiau
Finkhütten-Berg 64
AM ABENDBERGE
Scharmbeck
Roydorf
Ohlendorf
Hittfeld
Rehmen-Berg 63
Luhdorf
Holtorfsloh
Pattensen
Thieshope
Luhe
Luhekanal
NSG
Bahlburg
Wulfsen
Brackel
Reste von der 600mm Feldbahn.
Tangendorf
Garstorfer Aubach
Garstedt
Quarrendorf
Hamberg 71

DIE RADELPAUSEN

» START
Bahnhof Buxtehude

KM 1,5
1 Altstadtinsel Buxtehude
Bummel auf dem Kulturpfad

KM 6,5
2 St. Martini Kirche
Ganz still werden

KM 10,5
3 Herzapfelhof
Hauptsache Genießen

12

EIN KIRSCH-BLÜTENFEST

Rundtour von Buxtehude durchs Alte Land

Eine Radtour zwischen Este und Lühe ist die plattdeutsche Antwort auf Meditation. Mühelos und meist geradeaus gleitet das Rad durch gartenähnliche Landschaften und freut sich über jeden Augenblick. Da darf selbst die Gangschaltung entspannen.

KM 13
4 Obstlehrpfad Jork
Blüten betrachten

KM 17
5 Guderhandviertel
Frühlingsgrüße versenden

KM 26
6 Hedendorfer Laufgraben
Den letzten Apfel schmausen

KM 31 » ZIEL
S-Bahnhof Buxtehude

WO HASE UND IGEL EINANDER GUTEN MORGEN SAGEN, ...

» ... am Bahnhof von **Buxtehude**, bellen die Hunde zwar nicht mit dem Schwanz, wie der Volksmund behauptet. Jedoch scheinen Uhren wie Menschen auf der Altstadtinsel tatsächlich anders zu ticken. Relaxter. Vom Hafen, der für Hamburger:innen einem idyllischen Bootssteg gleicht, rollt es sich butterweich ins größte Obstanbaugebiet Deutschlands. Die Radsaison beginnt hier traditionell früh. Lange bevor die Bäume Blätter tragen, hüllt sich das Alte Land in Blütenschleier.

Unter knallblauem Frühlingshimmel wirken die prächtigen Höfe vor **Estebrügge** wie frisch gewaschen. Kolonisten aus den Niederlanden kultivierten die Elbmarschen vor Urzeiten. Als hätten sie damals bereits die perfekte Strecke für Hollandräder im Kopf gehabt, schwingt die Straße mit der Este und dem Deich. Es ist beinahe wie Karussellfahren. Jetzt schnell, schnell auf die nächste Touristenattraktion zuzusteuern, wäre ein Fehler. Gut möglich nämlich, dass man **Jork** City zeitgleich mit monstermäßigen Reisebussen erreicht oder in **Königreich** vor verschlossener Gasthoftür steht.

AUF DER MIT DEM DEICH UND DER ESTE SCHWINGENDEN STRASSE FÜHLT MAN SICH WIE BEIM KARRUSSELFAHREN

Besser, man hält es wie der Igel des Heimatdichters Wilhelm Schröder. Der übertrumpfte den hektischen Hasen bekanntlich, weil er im Hier und Jetzt blieb. Und eben dort ist auch das Alte Land am schönsten. Also einfach mitnehmen, was der Moment bereithält. Im nächsten Hofcafé einkehren, die Hauptroute für einen Schlenker durch die Plantagen verlassen, mal hier den Deich in **Guderhandviertel** erklimmen und auch mal dort. Sich treiben lassen.

Bis **Horneburg**, am Rande zur Geest, wo die Häuschen auf ganz andere Art verwinkelt sind als im Alten Land, braucht man auf diese Weise eine ganze Weile. Und weil dort gleich zwei Plätze mit Außengastronomie in der Abendsonne glänzen und die Bahn direkt ums Eck abfährt, könnte man es hier gut sein lassen. Oder man rollt weiter – nur so zum Spaß. Denn wenn man auf dieser Tour tatsächlich Hase und Igel treffen will, dann wohl auf den letzten Kilometern zurück nach **Buxtehude**. «

Damit aus Blüten Früchte werden, sind fleißige Bienen erforderlich.

Die Deiche sind die einzigen Erhebungen im Alten Land.

Im Alten Land wird vielfach noch gekocht wie zu Großmutters Zeiten.

RADELN & GENIEßEN

START
Bahnhof Buxtehude

Auf dem begleitenden Radweg der Bahnhofsstraße ist die Altstadtinsel schnell erreicht. Die Fußgängerzone Lange Straße trifft beim Markt auf die Breite Straße. Dort das Rad für den Bummel abstellen.

KM 1,5

1 Altstadtinsel

Bummel auf dem Kulturpfad

Wo die Bahnhofsstraße auf die Fußgängerzone Lange Straße trifft, muss man absteigen. Somit ist der Altstadtbummel quasi inkludiert. Statt bloß mitten hindurch, lohnt es sich, einmal um die ehemalige Hansestadt herum zu schlendern. Eines der ältesten Gebäude ist der Marschtorzwinger am Westfleth. Der Backsteinturm gegenüber entpuppt sich allerdings als neu. Der siebte Schornstein heißt das Kunstwerk mit einer spannenden Idee dahinter. Einen Plan mit den wichtigen architektonischen Perlen hält das Servicecenter Kultur & Tourismus im historischen Rathaus bereit.

Der Langen Straße bis Hafenbrücke folgen. Am Hafen vorbei auf Moorender Straße und ihr bis zur Brücke in Estebrügge folgen.

Beten scheef hett Gott leevf.
Das gilt für Häuser wie Igelbeinchen.

914 Sterne leuchten am Estebrügger Kirchenhimmel.

KM 6,5

2 St. Martini Kirche
Ganz still werden

Viel geht gerade nicht in Estebrügge an der Estebrücke. Höchstens ein paar Ausflügler:innen irren andächtig durch die schmalen Straßen, wo man nur die Spatzen zwitschern hört. Aber das ist ja gerade das Tolle an dem kleinen Ort mit Niedlichkeitsfaktor zehn. Geradezu kontemplativ ist die Stimmung in der bezaubernden St. Martini Kirche. Man muss kein Yogi sein, um unter dem himmelblauen Tonnengewölbe zur inneren Einkehr zu finden. Einfach nur einatmen und ausatmen. Der Stille lauschen. Die Gedanken kommen und wieder gehen lassen. Fertig ist die Achtsamkeitsübung. Zur Vollendung gelangt, wer die Sache über den Tag immer wieder praktiziert.

Noch immer geht es auf der Straße Moorende weiter. Bis Hove – dort links in den Obstmarschweg einbiegen.

KM 10,5

3 Herzapfelhof
Hauptsache Genießen

Immerzu achtsam ist auch keine Alternative. Wer will sich schon endlos befragen, ob er wirklich, wirklich Hunger oder bloß schnöden Appetit hat, wenn es nach Kirschmandelkuchen duftet?! Rund um die Höfe am Obstmarschpfad zwischen Königreich und Jork ist Genuss angesagt. Der Herzapfelhof (herzapfelhof.de) zelebriert die Pause unter Bäumen kunstvoll wie Japaner ihr Hanami. Der Kuchen ist vegan, die Apfelschorle kommt ohne Zuckerzusatz aus, Apfelkisten dienen als Tabletts. Die 1000 Schritte nach dem Essen führen in den Garten, der aus der Luft betrachtet einem perfekten Herz gleicht. Zu guter Letzt wandern noch zwei, drei Äpfel aus dem Hofladen in den Proviantrucksack.

Dem Obstmarschenweg ins Zentrum von Jork folgen. Etwa einen Kilometer nach dem Kreisverkehr führt beim Museum Altes Land der Kastanienweg in die Plantagen. An seinem Ende startet der Obstlehrpfad.

Picknick unter Frühlingsbäumen auf dem Herzapfelhof.

Im Frühling verwandelt sich das Land in ein Blütenmeer.

KM 17

5 Guderhandviertel

Frühlingsgrüße versenden

Langsam wird es Zeit, die neugewonnen Erkenntnisse zu teilen. Die malerische Gemeinde Guderhandviertel ist wie gemacht, um Social-Media-Kanäle zu bespielen, Urlaubsgrüße aus dem Frühling zu senden oder den Moment einfach nur für sich festzuhalten. Ein klassisches Zentrum gibt's nicht. Typisch für Deichhufendörfer reihen sich die alten Häuser über Kilometer am Deich wie Perlen an der Schnur und erfreuen mit Schmuckgiebeln, Buntfachwerk, Reetdächern und verschwenderischen Gärten, gern auch mit eigenem Bootssteg an der Lühe. Ganz besonders bezaubernd wird es nach Querung des Tideflusses über die Altenschleuse.

Rechts der Lühe weiterradeln. Hier kann man sich ganz auf die Ausschilderung nach Horneburg verlassen. In der Ortsmitte angekommen, übernimmt das Piktogramm der Steinroute.

KM 13

4 Obstlehrpfad Jork

Blüten betrachten

Was alles stimmen muss, damit ein Baum gesunde Früchte trägt, ist gewaltig. Zumal mittlerweile weit mehr als drei Viertel der Betriebe im Alten Land nicht bloß dem maximalen Gewinn hinterherjagen, sondern ökologisch wirtschaften. Dass das auf lange Sicht für alle und alles besser ist, weiß jedes Kind. Rein auf die nächste Ernte bezogen, bedeutet es aber auch ziemlich harte Arbeit. Auf dem Obstlehrpfad lernt man zwischen Kirsch- und Apfelplantagen, die Leistungen von Bauern und Bienen wertzuschätzen. Danach schmeckt ein Apfel anders. Noch besser. Das kann man gleich auf der nächsten Deichbank testen.

Am Hinterdeich geht es rechts. Beim Kreisverkehr links auf die Jorker Chaussee. An der Weggabelung links auf den Muddweg und aufpassen, dass man die Altenschleuse nach 800 Metern nicht verpasst.

Typisch für das Alte Land sind die prächtigen Fachwerkfassaden.

Wo sich Hase und Igel Gute Nacht sagen.

KM 26

6 Hedendorfer Laufgraben

Den letzten Apfel schmausen

KM 31 » ZIEL

S-Bahnhof Buxtehude

Am Ortsausgang von Horneburg beziffert ein Straßenschild die Entfernung nach Hamburg mit 45 Kilometern. Radfahrer entdecken die Stadt aber schon nach Minuten. Nachdem der Begleitweg der Bahn einen Schlenker durch ein Wäldchen gemacht hat, weist eine Infotafel am Wegrand die Wiesenlandschaft als Ausgleichsflächen für die Autobahn aus. Einen Steinwurf entfernt steht eine Bank an einem glucksenden Wasserlauf – perfekt, um den letzten Apfel des Tages zu verspeisen. Die Autobahn kann man nicht hören und nicht sehen. Man sieht auch nicht das Alte Land oder die Elbe. Aber dahinter, in der Ferne, erkennt man deutlich die bewaldeten Höhen von Blankenese und bei klarer Sicht sogar die Hafenkrane.

Von Hedendorf geht es entlang der Bahntrasse bis zum Bahnhof Buxtehude.

Tausende Obstbäume stehen in Reih und Glied.

AUF EINEN BLICK

- **Start/Ziel:** Bahnhof Buxtehude (34–39 Min. ab/bis Hamburg Hauptbahnhof)
- **Strecke/reine Radelzeit:** 31 km (Rundtour), 2 Std.
- **Höhenmeter:** ↗ 9 m, ↘ 9 m
- **Wegbeschaffenheit:** Von Buxtehude bis Horneburg durchgehend Asphalt, ab Horneburg auch gut zu fahrende sandige Abschnitte.
- **Beste Zeit:** Von der Obstblüte bis zur Obsternte.
- **Mitnehmen:** Getränke für Etappen ohne Einkehrmöglichkeit, Sonnenbrille.

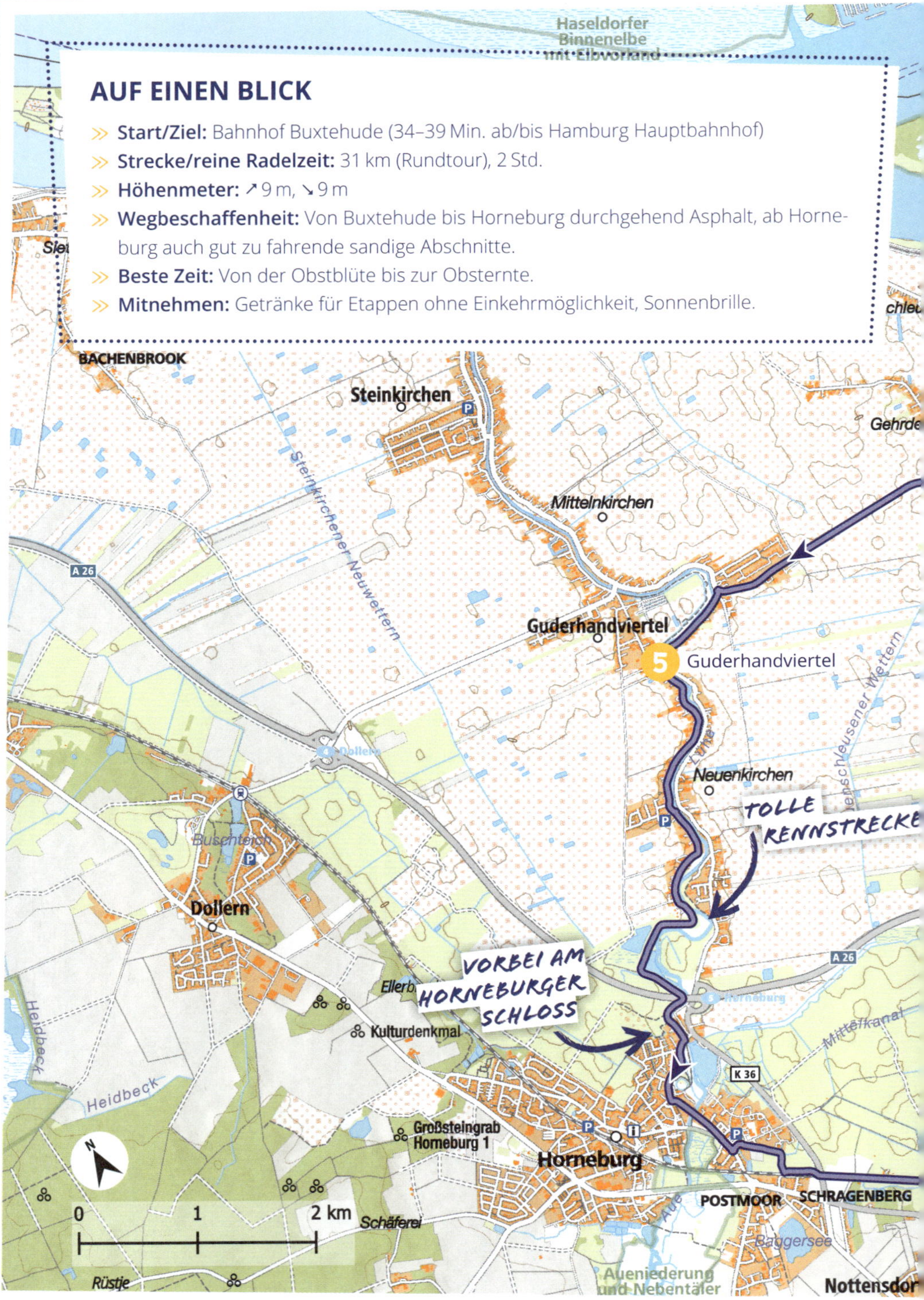

Elbe
Hahnöfer Nebenelbe
Borsteler Binnenelbe
CRANZ
Alten Obsthof am Elbdeich
Leeswig
Este
Königreich
Hamburg
Niedersachsen
Borstel
Jork
Herzapfelhof
3
Hove
Estebrügge
St. Martini Kirche
2
4
Obstlehrpfad Jork
AB DURCH DIE PLANTAGEN
Altes Land
Ladekop
Naturschutzgebiet Moore bei Buxtehude
Weidbek
Harzmoorkanal
KÖNIGLICHE KURVEN BIS KÖNIGREICH
Insel
1
Altstadtinsel
Buxtehude
DAMMHAUSEN
K 26
Mühlenbach
START & ZIEL
Bahnhof Buxtehude
6
Hedendorfer Laufgraben
NEUKLOSTER
B 73
HEITMANNSHAUSEN
EILENDORF
Neuklosterholz
Bullenberg
Naturschutzgebiet Unteres Estetal

DIE RADELPAUSEN

»START
Wasserbahnhof Landungsbrücken

KM 0
1 Lieblingslinie 62
Alles machen, was sonst nicht geht

KM 1
2 Gorch-Fock-Park
Warm-up mit Elbblick

KM 5,5
3 Neßdeich 6
In fremde Stuben luschern

13 DIE GRAUE EMINENZ

Von Finkenwerder ins Alte Land und zurück

Grau in Grau, wolkenverhangen, trübe, dunkel, regnerisch. Der Hamburger Himmel kennt viele Nuancen, die nicht gerade Lust aufs Radeln machen. Dabei fährt es sich unter dichten Wolken eigentlich prima – von Finkenwerder ins Alte Land sowieso.

KM 7,5
4 Aussichtswall
Abstecher an die Süderelbe

KM 11,5
5 Estesperrwerk
Zwangspause

KM 20
6 Museumshafen Borstel
Altländer Geschichte(n) lauschen

KM 39 » ZIEL
Wasserbahnhof Landungsbrücken

ES IST SAMSTAG UND AM NACHMITTAG SOLL ES REGNEN

» Bestens! Das wären gleich zwei gute Gründe, früh aufzustehen. Erstens, um die regenfreien Stunden auszukosten. Zweitens geht es an den **Landungsbrücken** noch manierlich zu. Der dritte Grund ist der Morgen selbst. Warm und taubenfedergrau. Viel zu schade, um ihn zu verschlafen oder mit Haushaltskram zu verschwenden. Scheint sich hinter der Elphi nicht sogar die Sonne durch die Wolken zu kämpfen? Das wird man nie erfahren. Die Fähre nach **Finkenwerder** tuckert ihr davon. Und das ist ab und zu auch mal ganz gut so.

UNTER DER SANFTEN, GRAUEN WOLKENDECKE FÜHLT SICH DAS LEBEN GENAU RICHTIG AN

Was sollen sie sonst, die ewig intonierten Hymnen an dieses »wunderschöne Grau« oder der gern zitierte Schnack, man sei aus Hamburg – und nicht aus Zucker. Das darf man nicht bloß in Gedanken feiern. Das muss man auch mal ausprobieren. Denn das fühlt sich im **Gorch-Fock-Park** schon besser an, als es aussieht, und spätestens im **Rüschpark** hat man herausgefunden, dass der Duft von Regen direkt in die eigene Kindheit entführt.

Zugegeben, dichte Wolken stehen der Natur besser, als wenn sie Industriebauten schmücken. Das gigantische Airbus-Gelände ist ja schon bei blauem Himmel kein Idyll. Der Radweg dafür top. In der Ferne sieht man schon **das Este-Sperrwerk,** das Tor zum Alten Land. Dort folgt ein besonders schöner Abschnitt zwischen Deich und urwaldartig bewachsenem Elbufer. Die Luft ist warm und schwer. Käme jetzt noch Sonnenschein dazu, wäre es zu heiß. Unter dem sanften, grauen Himmel fühlt sich das Leben genau richtig an.

Beim **Hinterbrack** ist Schluss mit der Freiheit. Bis die JVA Hahnöfersand in einigen Jahren nach Billwerder umzieht, darf die »Gefängnisinsel« nicht betreten oder befahren werden. So muss man sich die nächste Etappe mit Autos teilen. Links und rechts in den Plantagen biegen sich die Bäume schon unter Äpfeln und Birnen. Zur Erntezeit, der zweiten Hochsaison im Alten Land, strömen dann die Massen in den kleinen **Museumshafen von Borstel**. Doch bis dahin braucht es noch einige Wochen. Viel Sonne. Und Regen.

Was Streckentouren Rundtouren übrigens voraushaben: Man kann auf dem Hinweg schon mal die schönsten Pausenplätze für den Rückweg ausspähen. Auf dieser Tour passiert man etliche, und dann kommen auch noch die Obststände und -höfe dazu, an denen der Picknick- oder Souvenirkorb gefüllt werden will. «

Ohne Regen gäbe es keine Blumen.
Oder Birnen.

Eine Einkaufstasche gehört im Alten Land ins Handgepäck.

Logenplätze auf dem Deich.

RADELN & GENIEßEN

Elbe statt Animation im Outdoor-Gym.

START

Wasserbahnhof Landungsbrücken

Anders als in den U-, S- und A-Bahnen gibt's auf den Fähren keine Sperrzeiten für Räder. Dann kann ja nichts mehr schiefgehen. Merke: Die frühe Möwe fängt den Fisch.

KM 0

1

Lieblingslinie 62

Alles machen, was sonst nicht geht

Es gibt nicht viele Zeitfenster, in denen es auf den Dampfern der Linie 62 so luftig zugeht wie am Sonnabendmorgen. Im Sommer sogar gar keins. Das will ausgiebig ausgenutzt werden. Also bloß nicht an einem Platz kleben bleiben, sondern die freie Wahl genießen. Ob erste Sitzreihe oder am Panoramafenster nach hinten raus. Ob feinster Fotospot an Deck oder beste Freiluftstühle mit Tisch. Ob Backbord oder Steuerbord. Treppe rauf und wieder runter. Jetzt geht alles, was man sich schon immer mal auf der Fahrt nach Finkenwerder gewünscht hat.

Vom Fähranleger der Ausschilderung zum Gorch-Fock-Park folgen. Dann immer der Wasserkante nach.

Morgens herrscht Ferienstimmung an den Landungsbrücken.

KM 1

2 Gorch-Fock-Park
Warm-up mit Elbblick

Das Sommerfreibad im Gorch-Fock-Park wird allgemein als das Schönste der Stadt gefeiert. Kein Wunder, guckt man doch vom Schwimmbecken auf Elbchaussee und Ozeanriesen. Weniger liest und hört man vom Freiluft-Sportstudio an der Inselspitze. Dabei befinden sich die Geräte noch dichter am Wasser und man schaut auf noch prächtigere Villen. Der Parcours besteht aus Rudergerät, Schultertrainer, Rückentrainer und Ganzkörpertrainer. Übungen werden auf kleinen Tafeln erklärt. Danach sind alle wichtigen Muskelgruppen bereit für die Tour.

Am Steendiekkanal und im Rüschpark wird noch jahrelang gebaut. So lange gilt die Faustregel: einfach immer so nah am Wasser halten wie möglich, bis Airbus auf die Straße Neßdeich zwingt.

Zuhause bei Hochseefischer und Heimatdichter.

KM 5,5

3 Neßdeich 6
In fremde Stuben luschern

»Du Wind musst wehen, du Sonne musst lachen, du Wasser musst blinken, auf dass die Freude in Klaus Störtebekers Herz komme.« Mit Zeilen wie diesen hat sich Gorch Fock, eigentlich Johann Wilhelm Kinau, in die Herzen der Norddeutschen geschrieben. Aufgewachsen ist er in dem Häuschen mit der grünen Tür am Neßdeich Nummer 6, das heute von der Heimatvereinigung Finkenwerder e. V. betreut und bespielt wird (heimatvereinigung-finkenwerder.de/gorch-fock-haus). Besichtigt werden kann es nur einmal im Monat. Aber durchs Fenster in die Döns luschern, die gute Stube der Kinaus, das geht immer. Dort sieht alles so aus, als könnten der Hochseefischer Heinrich Wilhelm und seine Frau Metta jede Minute wieder reinkommen.

Nun einfach der Nase nach weiter.

KM 7,5

4 Aussichtswall

Abstecher an die Süderelbe

Beim kleinen Aussichtshügel hat man Airbus noch längst nicht umradelt. Wer sich für Flugzeugbau interessiert, findet dort oben jede Menge Infotafeln mit Nerdwissen. Hat man mehr für Flugkünstler wie Nonnengänse, Wachteln, Lerchen und Kornweihen übrig, muss man mit einer einzigen, kurzen Beschreibung der Biotopentwicklungsfläche Neß auskommen. Zum Ausgleich darf man die Naturschutzgebiete Finkenwerder Süderelbe und Westerweiden selbst in Augenschein nehmen. Auf der anderen Straßenseite führt beim Parkplatz ein Pfad an die Alte Süderelbe, einen ehemaligen Seitenarm der Elbe. Der Weg schlängelt sich einen knappen Kilometer am buchtenreichen Stillgewässer entlang, wo man zunächst noch Ehrholungssuchende im dichten Schilf entdeckt. Dann ist aber Schluss mit Menschen – und die Natur übernimmt.

Und weiter geht's: geradeaus.

Blankenese vorm Balkon.

KM 11,5

5 Estesperrwerk

Zwangspause

Einem ungeschriebenen Gesetz zufolge müssen alle, wirklich ausnahmslos alle, die sich im Alten Land auf zwei Rädern bewegen, eine Pause am Sperrwerk an der Estemündung in Neuenfelde einlegen. Der einzige Ort der Region, der nicht die pure Niedlichkeit ausströmt, ist voller spannender Kontraste. Da wirken Ebbe und Flut in einem Ausmaß, wie man es in Hamburg City gar nicht für möglich hält. Da ist der Bilderbuchblick nach Blankenese, die verstörend brachiale Klappbrücke über die Este und die älteste Werft Deutschlands, die, in all ihrer melancholischen Schrabbeligkeit, vielleicht doch noch gerettet wird. Und Pommes gibt's natürlich auch.

Von nun an butendeichs bis zum Hinterbrack. Achtung beim Überqueren der Straße. Nicht alle halten sich an die Geschwindigkeitsbegrenzung. Dann wie gewohnt geradeaus.

Im Sommer tummeln sich an der Alten Süderelbe Wollhandkrabben.

BADEN VERBOTEN, CAMPEN OFFENBAR ERLAUBT

KM 39 » ZIEL

Wasserbahnhof Landungsbrücken

KM 20

6 Museumshafen Borstel

Altländer Geschichte(n) lauschen

Gleich gegenüber der Mühle Aurora in Jork liegt die Tjalk Annemarie vor Anker. Vor hundert Jahren hieß sie noch Frieda und transportierte das Obst von der Lühe auf die Märkte an der Elbe, vor allem nach Hamburg. Mit Schiffen lief das sehr viel besser. Wasser kennt keine Schlaglöcher. Das bewahrte die empfindlichen Früchte vor Druckstellen. So erzählt es Apfel Glosti in einer hölzernen Erntekiste im Museumshafen. Zur Hörkabine umgebaut, kann man sich per Knopfdruck vorlesen lassen, was einen interessiert. Plattdeutsche Gedichte, die Geschichte des Borsteler Hafens oder ein Stück über das Frachtschiff Annemarie. Wer lieber selbst liest, historische Karten und Fotos studiert, kommt entlang der Jorker Hauptwettern auch nicht zu kurz.

Und jetzt: zurück wie gekommen.

EXTRA INFOS:

Die erste beziehungsweise letzte Möglichkeit für den Einkauf am Wegrand findet sich Im ● **Apfelgarten** (apfelgarten-altes-land.de) gar nicht weit vom Este-Sperrwerk.

Das ● **Gasthaus Zur Post** in Cranz (www.gasthaus-zur-post-cranz.de) gehört für Hamburger schon seit 1725 zu einem gelungenen Ausflug ins Alte Land dazu. Der Familienbetrieb wird mittlerweile in siebter Generation geführt. Auf der Karte steht viel Fisch, aber es gibt auch saisonale Highlights vom Spargel bis zu Pfifferlingen. Eine Zusatzfreude ist der Pfad, der sich unterhalb des Sperrwerks an der Este entlang nach Cranz schlängelt.

Fast wie der Ausguck eines Windjammers funktioniert der ● **Aussichtsturm** an der äußersten Kaikante des Rüschparks. Hoch da!

Ein Schiff und eine Fischbrötchenbude: der Hafen hat alles, was es braucht.

AUF EINEN BLICK

- » **Start/Ziel:** Wasserbahnhof Landungsbrücken
- » **Strecke/reine Radelzeit:** 39 km (Streckentour, hin und zurück), 2 Std. 30; Fähre: insg. 1 Std. hin und zurück
- » **Höhenmeter:** ↗ 6 m, ↘ 6 m
- » **Wegbeschaffenheit:** Durchgehend Asphalt oder fester Sandweg.
- » **Beste Zeit:** Nach der Obstblüte und vor der Apfelernte, oder anders gesagt: im Sommer.
- » **Mitnehmen:** Einkaufskorb, Regenjacke.

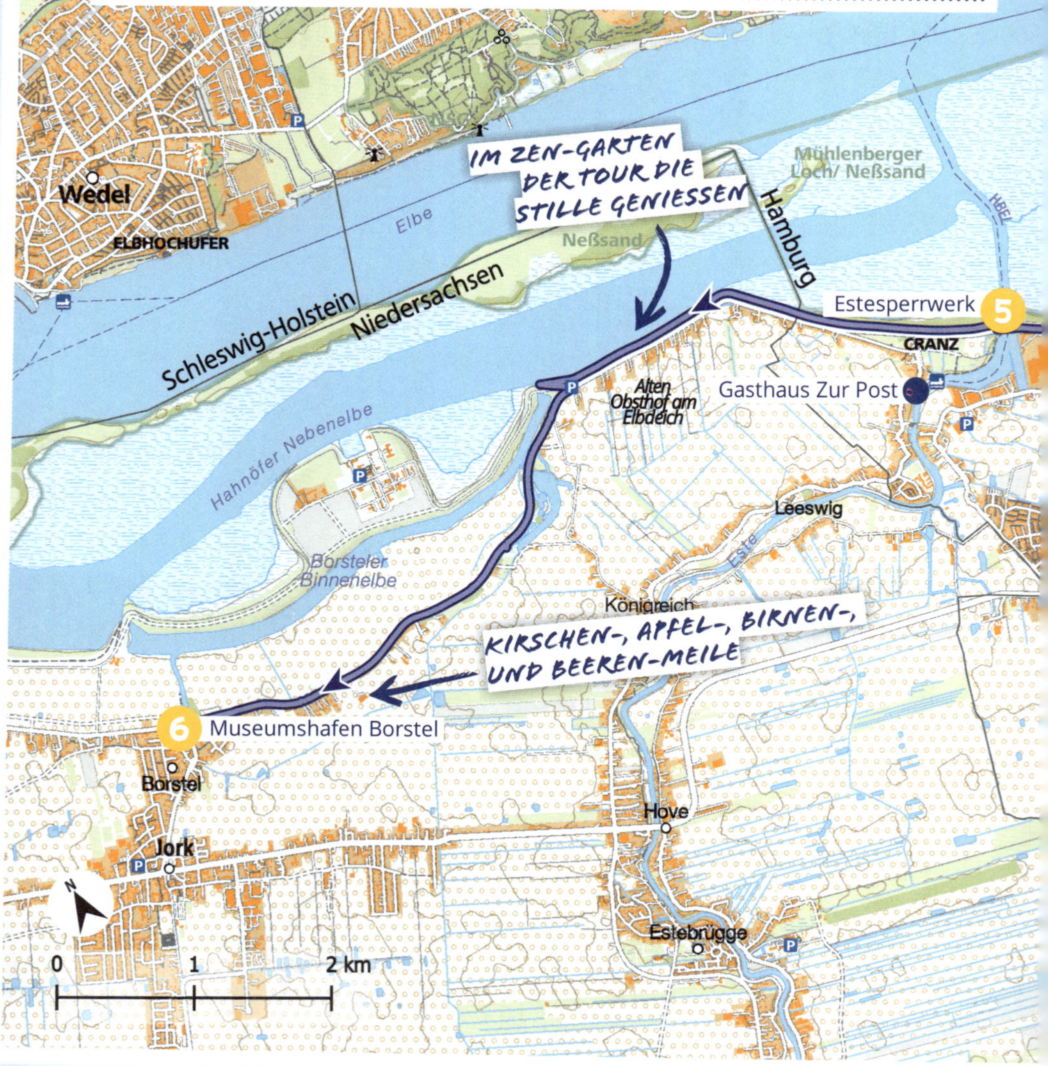

Klein Flottbek
Flottbek
NIENSTEDTEN
Norderelbe
62
64
A 7
Waltershofer Hafen
Gorch-Fock-Park
2
Aussichtsturm Rüschpark
Köhlfleet
WALTERSHOF
Rüschkanal
3
Neßdeich 6
Cella Sankt Petrus
FINKENWERDER
HIER KANN MAN'S RICHTIG LAUFEN LASSEN
Alte Süderelbe
4
Aussichtswall
Vollhöfner Wald
Apfelgarten Altes Land
Finkenwerder Süderelbe
FRANCOP
NEUENFELDE
Rübke
A 26
HAMBURG
ALTONA-ALTSTADT
ST. PAULI
NEUSTADT
START & ZIEL
Wasserbahnhof Landungsbrücken
1
Lieblingsline 62
HAFENCITY
Norderelbe
Vorhafen
STEINWERDER

DIE RADELPAUSEN

» START
Bahnhof Glückstadt

KM 2
1 Nordermole
Die Nase in den Wind halten

KM 16,5
2 Barenfleth – Beidenfleth
Übersetzen mit Else

KM 21,5
3 Kremper Heide
Baden bei den Binnendünen

14 DAS GLÜCK UND DIE WILDNIS

Rundtour von Glückstadt durch die Krempermarsch

Glücks-Routen heißen die zehn verheißungsvollen Touren durch die Elbmarschen, mit denen sich Glückstadt als Radreiseregion präsentiert. Sie sind prima markiert und leicht zu fahren. Das Beste: Kombiniert man zwei, wird's eine Über-Glücklich-Runde.

KM 32,5

4 Krempe

Bummel durch Tiny Town

KM 39

5 Hof Hochgenuss

Endlich ein Eis

KM 45

6 Glückstadt Binnenhafen

Noch mal ganz von vorn anfangen

KM 45,5 » ZIEL

Bahnhof Glückstadt

FREIHEITSVERSPRECHEN

» Wer nie zuvor den ganzen Tag im Sattel verbrachte, braucht vier, fünf Touren, bis sich das anfängliche Aufraffen in ein Gar-nicht-abwarten-Können verwandelt. Es sei denn, man startet in **Glückstadt**. Dann ist es schon nach dem ersten Ausflug so. Das Herz macht direkt einen Hüpfer, wenn man durch das malerische Stadtdenkmal zum **Innenhafen** und weiter auf die **Nordermole** im Außenhafen rollt.

VON DIESER WUNDERBAREN EREIGNISLOSIGKEIT KANN MAN NICHT GENUG BEKOMMEN

Auf den folgenden sechs Elbkilometern wird vor typischen Deichhindernissen gewarnt – Schafe (die mitten auf dem Weg liegen), Schafsgatter (für die man absteigen muss) und Schafsverunreinigungen (so die freundliche Umschreibung). Wer einen Schuss Salzwasser im Blut hat, spürt zudem noch permanent den Drang, jede Treppe auf den Deich zu erklimmen, um mal nach dem Fluss zu gucken. Nach dem Horizont. Nach der Weite. So dauert es eine ganze Weile, bis man das **Störsperrwerk** erreicht.

Ehe man noch bedauern könnte, der Elbe den Rücken zuzukehren, entdeckt man, dass auch die mäandrierende Stör eine echte Verführerin ist. Es geht auf kaum befahrenen Straßen und über verschwiegene Wege durch die üppigen Wiesen und Felder der **Krempermarsch** und – im großartigsten Sinne – verschlafene Dörfer wie **Borsfleth, Barenfleth und Beidenfleth**. Dagegen wirken **Kremperheide, Krempermoor und Krempe** beinahe schon städtisch. Aber auf gemütliche Art und mit so viel Land und Natur rundherum, dass man ins Träumen gerät, während man durch die ebene Landschaft rollt.

Da kann man gut verstehen, warum Günther Grass eine Zeit lang eines der prächtigen Gehöfte bewohnte, von denen viele unter Denkmalschutz stehen. Besonders beeindruckende Exemplare finden sich in **Elskop**. An der **Kremper Rhin**, die sich **zwischen der Blomeschen Wildnis und Engelbrechtschen Wildnis** durch die Wiesen schlängelt, würde man selbst gern Weltliteratur schreiben. Wahlweise auch Gemüse anbauen. Sogar nach 45 Kilometern hat man noch nicht genug von der wunderbaren Ereignislosigkeit. Nur die Aussicht auf **Glückstadt** versöhnt damit, dass die Tour zu Ende geht. «

etdachdomizile am Deich:
e Glückstädter Variante der Elbchaussee.

In der Kremper Marsch liegt der
Himmel unter dem Meeresspiegel.

Schafe leben frei auf den Deichen.

RADELN & GENIEßEN

START
Bahnhof Glücksstadt

Hinter der Bahnschranke zieht sich die Fußgängerzone bis zum Markt. Dort der Ausschilderung zum Hafen folgen.

Die Störquerung besteht schon seit 400 Jahren.

Der erste Leuchtturm blinkt bereits nach zwei Kilometern.

KM 2

1 Nordermole
Die Nase in den Wind halten

Bis man den Hafenkopf am Ende der Nordermole erreicht hat, hat man schon etliche Male gedacht, dass man lieber anhalten und den ganzen Tag bleiben würde. Spätestens am Hafenkopf muss man aber wirklich eine Pause einlegen. Dort kann man auf Bänken sitzen oder an der Reling stehen, Leuchttürme zählen, grote Pötte kieken, Wasservögel beobachten, das Gesicht in die Sonne halten, den Wind in den Haaren spüren. Also im Prinzip ein tagesfüllendes Programm absolvieren. Los reißt man sich im Grunde nur, weil man weiß, dass man Ende dieser Tour wieder in Glückstadt landen wird.

Bis zum Störsperrwerk immer an der Elbe bleiben. Wegweiser über Borsfleth, Neuenkirchen, Beidenfleth leiten sicher zur Fährstelle.

e verbindet die Wilster Marsch mit
r Kremper Marsch.

KM 16,5

2 Barenfleth – Beidenfleth

Übersetzen mit Else

Es mag zunächst bedauerlich erscheinen, wenn man mit zusammengekniffen Augen erkennen muss, dass die Fährbude am anderen Ufer geschlossen hat. Der Magen knurrt vielleicht, wenn das auch für den Gasthof Frauen in Beidenfleth und sogar für den Bäcker und den kleinen Kaufmann an der Fahrradstation gilt. Trotzdem lohnt es sich, mit Störfähre Else (www.stoerfaehre-else.de) überzusetzen, um zu entdecken, dass sich hinter dem massiven Silo die Wilstermarsch genauso schön ausbreitet wie die Krempermarsch. Und um die uralte Geschichte der letzten Seilzugfähre über die Stör nachzulesen. Sie steht auf einer Infotafel am schönen Picknickplatz gleich rechts geschrieben.

Kremperheide ist vom Anleger ausgeschildert. Angekommen, geht es links auf die Dorfstraße, dann die nächste rechts in den Bockwischer Weg und jenseits des Bahnübergangs links zum Heidehaus.

KM 21,5

3 Kremperheide

Baden bei den Binnendünen

Trockenrasen, Heide und Sandberge bestimmen das Naturschutzgebiet Binnendünen Nordoe. Der Radweg dreht eine großzügige Runde um den ehemaligen Bundeswehrübungsplatz, der an etliche Stellen zum Innehalten oder Wandern einlädt. Ein erster Stopp bietet sich unbedingt gleich nach Einfahrt in den Wald bei den Deckmannschen Kuhlen an. Bis Mitte der 1980er-Jahre wurde hier noch Quarzsand abgebaut. Heute ist die westliche Kuhle Anglern vorbehalten, die östliche lockt mit drei kleinen Sandstränden zum Baden.

Im Naturschutzgebiet geht es hier und da auf sandigen, verwurzelten Böden kurz und knackig rauf und runter – aber die Beschilderung ist gut. Zurück in Kremperheide den Wegweisern nach Krempe folgen.

Vom glitzernden Badesee ist es nicht weit zu den Dünen.

Im Sommer sorgt »Der Grieche im Ratskeller« für mediterrane Atmosphäre auf dem Rathausplatz.

KM 32,5

4 Krempe
Bummel durch Tiny Town

Krempe gibt sich zunächst zugeknöpft. Doch ganz kurz bevor man bereit ist, die kleinste Stadt Holsteins links liegen zu lassen (aka rechts abzubiegen), fallen zwei zauberhafte Türme ins Auge. Die rufen: Rad abstellen und eine Runde durch die Altstadt drehen. Auf der Übersichtskarte am Marktplatz/Hökerstraße findet sich der gleiche Stadtspaziergang wie unter www.krempe.de/Tourismus/Rundwege. Der Rundweg 1 Historischer Stadtkern hält sich dicht an den ehemaligen Festungsmauern und führt auf 1,5 Kilometern von einem der schönsten Rathäuser Schleswig-Holsteins im Stil der Renaissance über das beinahe 500 Jahre alte Fachwerktraufenhaus des dänischen Königs Christian III. bis zur klassizistischen St.-Peter-Kirche.

Entlang der Kremper Au nach Süderau. Dort rechts nach Elskop.

KM 39

5 Hof Hochgenuss
Endlich ein Eis

Made in Elskop. Ein besseres Gütesiegel gibt's vielleicht nicht, wenn es sich um Milchprodukte handelt. Denn darauf hat man sich auf dem Hof Hochgenuss (www.hof-hochgenuss.de) spezialisiert. Das Eis kommt aus eigener Herstellung und ganz ohne Zusatzstoffe aus. Wie viele Sorten in den sechs (!) Doppeltruhen im Hofladen um Aufmerksamkeit buhlen, ist ebenso schwer zu sagen wie es absolut unmöglich ist, sich für eine davon zu entscheiden. Spätestens bei der dritten Truhe kommt man ins Schleudern. Da hilft nur, das Geld für gleich zwei Kugeln in die Vertrauenskasse zu werfen. Eine richtig gute Mischung: Erdbeer-Basilikum und Honig-Sahne. Keine Lust auf Eis? Milch, Kakao, Eier, Honig und Wurst in kleinen Mengen werden auch angeboten.

Soll man Am Altendeich wirklich den Wegweisern nach Glückstadt folgen und die Straße mit motorisierten Rasern teilen? Ja. Aber keine Angst, es sind nur wenige hundert Meter, bis es rechts wieder ruhig wird.

Milch in Bestform auf Hof Hochgenuss.

Glückstadt ist ein Ort zum Bleiben. Oder wiederkommen (siehe Tour 18).

KM 45

6 Glückstadt Binnenhafen

Noch mal ganz von vorn anfangen

Jetzt kann nachgeholt werden, was zu Beginn auf der Strecke blieb: Glückstadt selbst. Königstraum an der Elbe heißt einer der Audiospaziergänge, die man auf der App Glückstadt erleben findet. Er startet an der Tourismusinformation, nur einige Schritte vom Marktplatz entfernt. Am Hafen ergänzen Infotafeln die Erkundung des Stadtdenkmals, wo selbst das Gefängnis ein echter Hingucker ist. Und es gibt wirklich spannende Dinge zu erfahren. Etwa die True Crime Story von Tim Thode, dem achtfachen Mörder und Brandstifter, oder die Geschichte der Mätresse des Königs und natürlich ganz viel über Fisch, vornehmlich Hering. Wenn's um Matjes geht, macht den Glückstädtern nämlich niemand etwas vor.

Da man nun schon zweimal vom Bahnhof zum Hafen gerollt ist, findet das Rad den Weg beim dritten Mal quasi von selbst.

EXTRA INFOS:

Im Biergarten der ● **Gaststätte Zum Aukrug** von Borsfleth www.zum-aukrug.de sitzt man schön am Wasser. Wie überall in Schleswig-Holstein gilt: am Wochenende Zeit mitbringen, unter der Woche Öffnungszeiten checken.

Deftiger Mittagstisch, Snacks und Fischbrötchen, Kaffee und Kuchen – das ● **Heidehaus** gilt als Tor zum Naturschutzgebiet Nordoer Binnendünen. Die Tageskarte findet sich unter heidehaus-kremperheide.de

Jahrzehnte nicht in einer ● **Jugendherberge** übernachtet? Dann nur keine Scheu. Die modernen Hafenblickzimmer sind großartig. Für die morgige Tour kann man ein Lunchpaket ordern. Mehr darüber bei Eingabe von Glückstadt in die Suchmaske unter www.jugendherberge.de

KM 45,5 » ZIEL

Bahnhof Glückstadt

Die Kremper Marsch gehört zu den vier Holsteinischen Elbmarschen.

AUF EINEN BLICK

- **Start/Ziel:** Bahnhof Glückstadt (ca. 45 Min. ab/bis Hamburg Hauptbahnhof)
- **Strecke/reine Radelzeit:** 45,5 km (Rundtour), 3 Std.
- **Höhenmeter:** ↗ 23 m, ↘ 23 m
- **Wegbeschaffenheit:** Zumeist Asphalt, einige kürzere Abschnitte auch sandig oder auf dem Deich. In der Kremper Heide ruckelts auch mal.
- **Beste Zeit:** In the summertime.
- **Mitnehmen:** Badesachen. Verpflegung. Kleingeld für Else, Hof Hochgenuss und Gemüsestände am Wegrand.

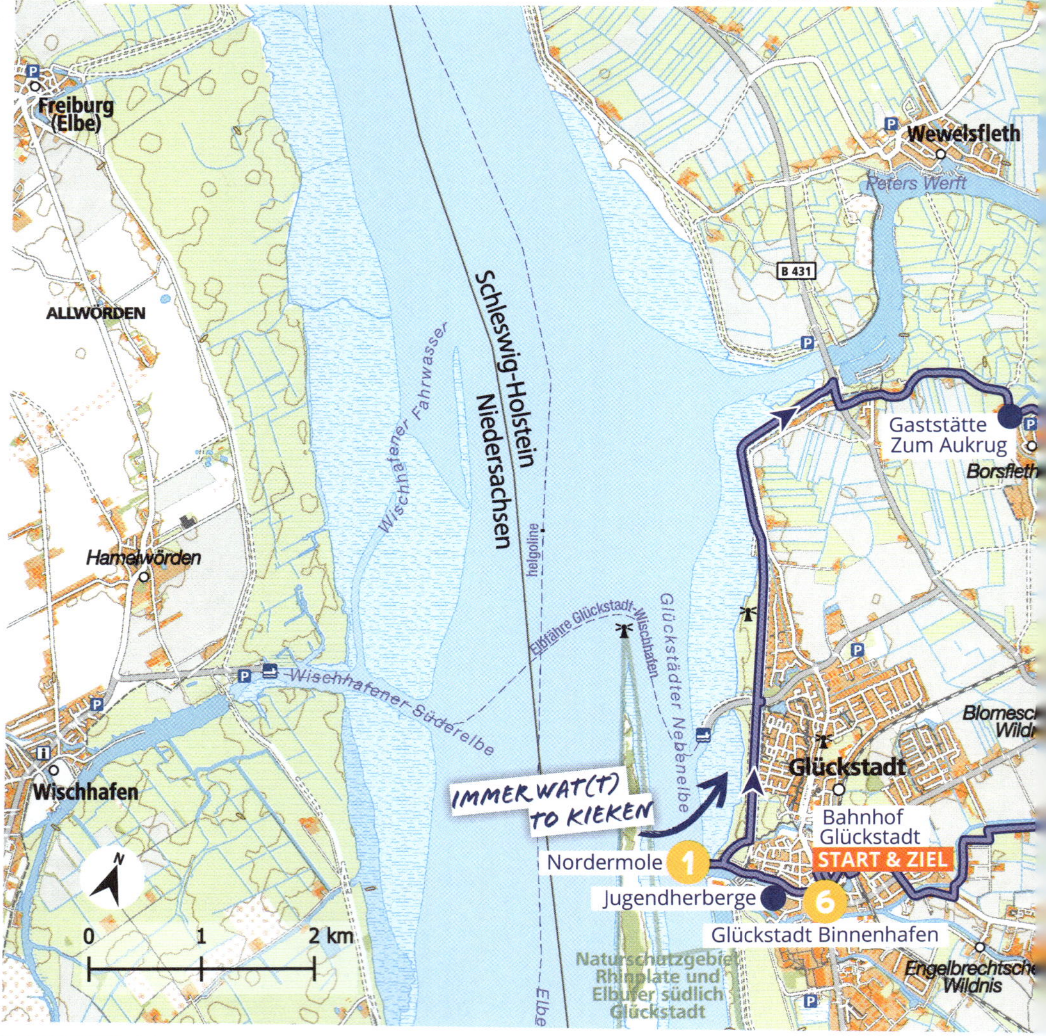

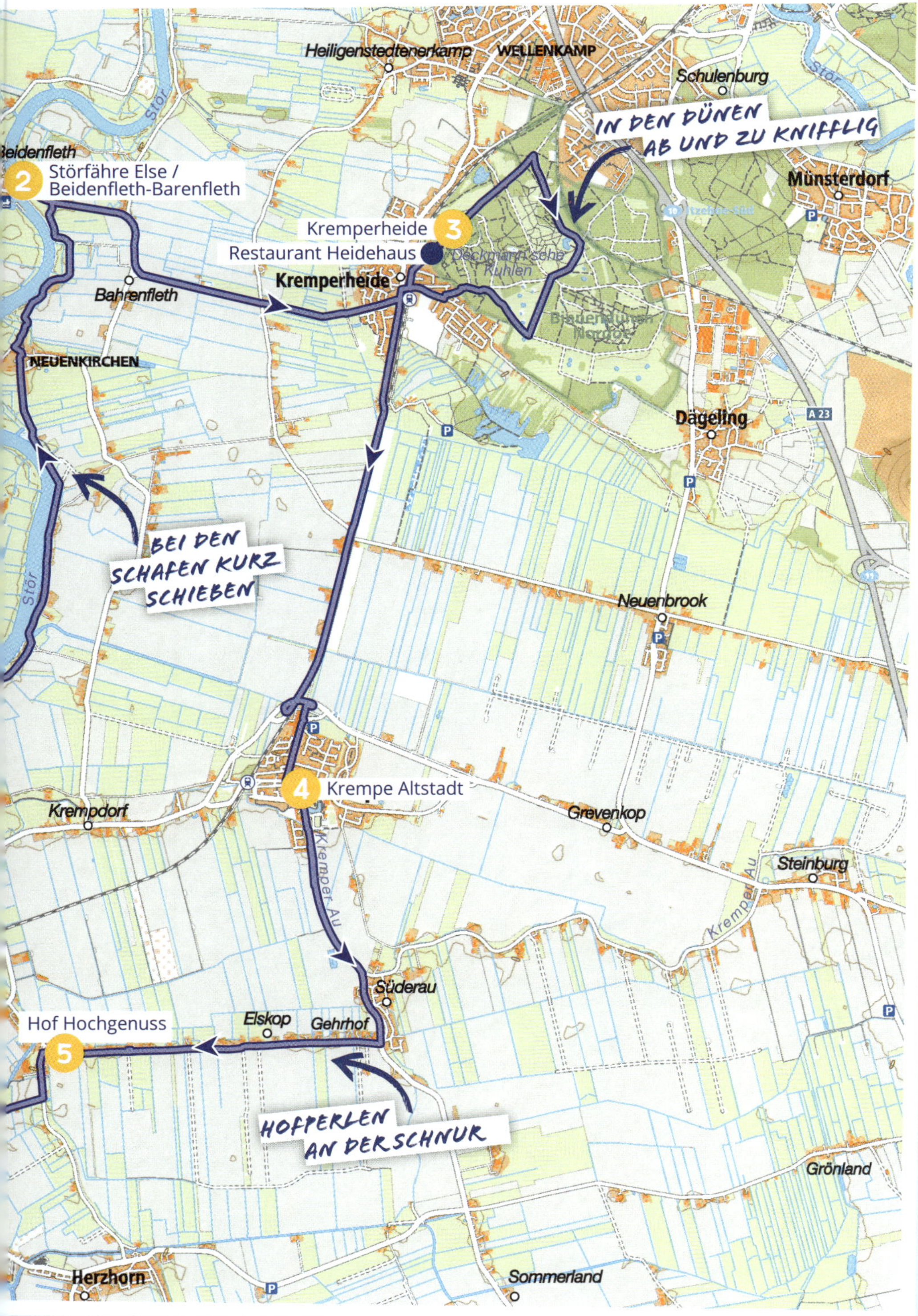
Heiligenstedtenerkamp
WELLENKAMP
Schulenburg
Stör
IN DEN DÜNEN AB UND ZU KNIFFLIG
Münsterdorf
2 Störfähre Else / Beidenfleth-Barenfleth
Kremperheide 3
Restaurant Heidehaus
Kremperheide
Bahrenfleth
NEUENKIRCHEN
Dägeling
A 23
BEI DEN SCHAFEN KURZ SCHIEBEN
Stör
Neuenbrook
4 Krempe Altstadt
Krempdorf
Grevenkop
Steinburg
Kremper Au
Süderau
Elskop
Gehrhof
Hof Hochgenuss
5
HOFPERLEN AN DER SCHNUR
Grönland
Herzhorn
Sommerland

DIE RADELPAUSEN

» START
Bahnhof Wrist

KM 10,5
1 Garten der Sinne
Kneippen im Kurpark

KM 11
2 An der Sohlgleite
Der Hudau lauschen

KM 16,5
3 Seeterrassen Weddelbrook
Kaffeeklatsch

15

NUR DIE RUHE

Rundtour von Wrist über Bad Bramstedt

Auf den Mönchspfaden wartet etwas, das selten geworden ist: nichts. Das ist im Kreis Pinneberg genauso wie im Kreis Segeberg und im Kreis Steinburg. Dreiländereck wird diese Gegend auch genannt. Sie duftet nach Landwirtschaft und frisch gemähtem Gras.

KM 20

4 Waldkapelle Mönkloh
Innere Einkehr

KM 25,5

5 Bokeler See
Strandspaziergang und Sonnenbad

KM 29

6 Voßbarg
Bunte Landeier vom Hofladen

KM 40 » ZIEL

Bahnhof Wrist

AN EINEM SOMMERSONNTAG GEGEN 10 UHR ...

» ... drängt tout Hambourg in die Züge nach Timmendorfer Strand oder Sylt. Nur eine Handvoll Individualist:innen steigt ein Gleis weiter in die luftigeren Waggons Richtung **Wrist**. Wäre es nach dem Teufel gegangen, hätte es die Kleinstadt nie gegeben. Beim Bau der Kirche in Stellau schleuderte er einen Felsbrocken, um sie zu zerstören. 1189 war das. Aber das Gebäude steht noch immer. Ganz am Ende dieser Tour kann man sich davon überzeugen. Doch bis dahin weiß man sowieso schon, dass die Gegend bei aller Einsamkeit ganz und gar nicht gottverlassen ist.

SCHÖNSTER MOMENT: IN DER KLÖSTERLICHEN STILLE ZUR RUHE FINDEN

Mönchspfade im Auenland heißt die ausgedehnte Runde, zu erkennen an der grünen stilisierten Kirche. Nicht zu verwechseln mit *dem* Mönchspfad, einem beliebten Radfernweg zwischen Bremen und der Insel Fehmarn. Mit diesem teilen sich die Mönchspfade nur einige Kilometer und die Seelenruhe. Letztere wartet an der sanft dahinströmenden Bramau, etwa bei der Kanueinsatzstelle.

Auf den ersten zehn Kilometern nach **Bad Bramstedt** liegt eine geradezu klösterliche Stille über dem Holsteiner Auenland. Kaum ein Auto kreuzt den Weg. Eher schon ein Pferd, Rennrad oder E-Bike. Man fragt sich, wo sie wohl alle sind, die in der Gegend wohnen. (Vielleicht in Hamburg? Oder auf Sylt?) Einzig am See in **Weddelbrook** trifft man mal mehrere Menschen zugleich. Nur dort sind heute auch die Tische für Sonntagsfahrer gedeckt.

Ansonsten ist Ruhe im Dreiländereck. Das ist im Wald bei **Mönkloh** nicht anders als in **Bokel** am See. Und wer bis hierher schon dachte, dass nichts los sei in der Gegend, wird noch einmal staunen. Denn von nun an geschieht noch weniger als nichts. Nämlich gar nichts mehr. Von jetzt an gibt's nur noch das Rad, die Wiesen und die Felder. Einen Bauernhof hier und da. Kühe auf den Weiden. Greifvögel am Himmel. Und eine schwarze Katze, die bei der Kirche in **Stellau** den Mönchspfad kreuzt. «

Kaum ein Auto kreuzt den Weg.
Eher schon eine Katze.

Bauernweisheit kurz vor Bokel.

Ein Bewegungspfad mit Dehnungsübungen
führt um den Weddelbrooker Mühlenteich.

RADELN & GENIEßEN

START

Bahnhof Wrist

Raus aus dem Zug, an der Hauptstraße links bis zur Bokelstraße. Dort geht es nach rechts und bald über die Bramau. Ab dort dem Kapellenpiktogramm in den Kurpark von Bad Bramstedt folgen.

Wasser-Marsch im Storchengang.

KM 10,5

1 Garten der Sinne

Kneippen im Kurpark

Nach der Lehre des Badearztes Sebastian Kneipp soll das Immunsystem entweder mit einem Arm- oder einem Fußbad angekurbelt werden. Niemals mit beidem zugleich. Also, Schuhe aus, Strümpfe aus und Hose (sehr hoch) hochgekrempelt, denn das Kneippbecken ist tiefer, als es aussieht. Storchengang heißt es im Fachjargon, wenn man das Bein vollständig aus dem kalten Wasser hebt und wieder eintaucht. So drei bis vier Minuten soll es dauern. Und hinterher auf gar keinen Fall abtrocknen. Stattdessen im Garten der Bewegung barfuß über den Rasen gehen und anschließend im Garten des Tastens über Tannenzapfen, Moos und Kiesel spazieren.

Für den nächsten Stopp den Mönchspfad verlassen. Stattdessen die paar hundert Meter in Fahrtrichtung weiterrollen bis zu der Infotafel neben der letzten Bank zwischen Teich und Au.

Bachplätschern wirkt entspannend.

KM 11

2 An der Sohlgleite
Der Hudau lauschen

In Bad Bramstedt vereinigen sich Osterau und Hudau zur Bramau. Dabei ist die Osterau etwas ganz Besonderes: Als eine der letzten vollkommen unbegradigten Auen hat sie es in die Top Ten der schützenswertesten Gewässer Deutschlands gebracht. Wildflüsse regeln nämlich alles, was für Wasserwesen wichtig ist, ganz allein. Überall, wo der Mensch im Laufe der Jahrhunderte eingegriffen hat, gerät hingegen etwas aus dem Takt. Dann muss nachgesteuert werden – wie an der Hudau. Mittels einer Sohlgleite wurde sie für Fische und Fischnährtiere, etwa Flöhe, wieder passierbar. Das ist gut zu wissen. Noch schöner aber zu hören. Denn so wie das Wasser hier über Steine hüpft und rauscht und gluckert, soll ein Fließgewässer klingen. Herrlich entspannend.

Dem Pfad bis zum Ochsenweg folgen. Zwischen den Supermärkten zur Hamburger Straße schlängeln. Der Radweg ist auf der anderen Straßenseite. Links halten. Der nach einigen hundert Metern rechts abknickende Radweg gehört schon wieder zu den Mönchspfaden.

KM 16,5

3 Seeterrassen Weddelbrook
Kaffeeklatsch

Lieber hier einkehren oder dort? Lieber herzhaft oder zuckersüß? Das kann zu Meinungsverschiedenheiten führen. Doch davor ist man auf dieser Tour geschützt. Am Sonntag ist das erste Ausflugslokal am Wegrand auch das letzte. Und man sitzt so famos im Café Seeterrassen, das alle mehr als einverstanden sind. In den Nachmittagsstunden bleibt die Küche kalt. Dann gibt's nur Waffeln, Eis und Backwerk. Da kann man aber wirklich nicht meckern, während man sich den Heidelbeer-Cheesecake schmecken lässt. Der hier noch Käsekuchen heißt. Aber bitte mit Sahne. Mehr Infos unter www.weddelbrook-seeterrassen.de

Weiter geht's entlang der Glückstädter Straße.

DIE HUDAU PLÄTSCHERT WIE EIN MITTAGSSCHLAFLIED

Gute Tradition: das Konzept von Kaffee und Kuchen stammt aus Deutschland.

Sieben Buchen beschützen die Waldkapelle. Sie symbolisieren die Apostel.

KM 25,5

Bokeler See

5 Strandspaziergang und Sonnenbad

Sonntags stellt man sein Rad an der Bokel-Mühle (bokelmuehle.de) ab und flaniert sodann um den See. Von Montag bis Samstag reserviert man zuvor noch einen Tisch für den Abend. Dann öffnet das hoteleigene Restaurant mit kleiner Karte für jeweils wenige Stunden. Bis dahin kann man die Zeit am Strand vertändeln. Im warmen Sand mit verschränkten Armen hinter dem Kopf, einen Grashalm zwischen den Lippen, während Schäfchenwolken über den Himmel segeln. Am Ruhetag darf gern eine Sonntagsnachmittagsschläfchen daraus werden.

Folgt man der Mühlenstraße durch das Dorf Bokel, stößt nach einem Kilometer wieder der Mönchspfad hinzu. Bei Kilometer 27,5 aufgepasst, um den Abzweig links in die Felder am Voßbarg nicht zu verpassen.

KM 20

Waldkapelle Mönkloh

4 Innere Einkehr

Die kleinste Waldkapelle Deutschlands liegt beschützt von sieben hundertjährigen Buchen am Waldrand. Höhepunkt des Mönkloher Kirchenjahres ist der dritte Oktober. Dann wird hier die Deutsche Einheit mit einem ökumenischen Gottesdienst gefeiert. An den anderen Tagen kommen Wanderer und Radfahrerinnen, Reiterinnen und auch ab und zu jemand mit dem Auto auf der Suche nach Selbstbesinnung oder Inspiration, um sich ins Gästebuch einzutragen, eine Kerze zu entzünden oder eine Spende dazulassen. Wer lieber Naturgeistern huldigt, folgt dem Waldpfad gleich hinterm Forsthaus.

Jenseits des Waldes den Mönchsweg bei der dritten Möglichkeit, etwa Kilometer 23, links über den Feldweg verlassen. An der zweiten Möglichkeit rechts auf Zum Felde. Dort an der ersten Möglichkeit links über die Bergstraße zur Bokel-Mühle am See.

Knapp zwei Kilometer lang ist die Runde um den Bokeler Mühlenteich.

Hundertjähriger Hingucker: der weiße Seepavillon der Bokel-Mühle.

WER BRAUCHT SCHON MEER, WENN ER EINEN SEEPAVILLON HABEN KANN?

KM 29

6 Voßbarg

Bunte Landeier vom Hofladen

Den Hofladen der Familie Hachmann (www.hof-hachmann-bokel.de) finden nur Eingeweihte und Radler:innen. Er ist keiner von der Sorte, die mit dem Label Nachhaltigkeit in erster Linie unnötige Stehrümchen und andere Dekoartikel verkaufen. In der kleinen Holzhütte im Nirgendwo mit großstädtischen Öffnungszeiten geht es um das Wesentliche: sehr frische und sehr gute Lebensmittel zu angemessenen Preisen. Bezahlt wird an der Vertrauenskasse. Die Hachmanns führen den Hof in vierter Generation und legen besonders viel Wert auf das Wohl ihrer Tiere, von den gemischten Hühnerrassen bis zu den Bunten Bentheimer Schweinen.

Wenn die Dorfstraße etwa bei Kilometer 35 auf die Hauptstraße trifft, übersieht man leicht, dass man sie queren soll. An ihr entlang kommt man zwar auch ans Ziel. Doch längst nicht naturnah so wie auf dem Mönchspfad.

KM 40 » ZIEL

Bahnhof Wrist

Bunte Eier von glücklichen Hühnern.

AUF EINEN BLICK

- **Start/Ziel:** Bahnhof Wrist (35 Min. ab/bis Hamburg Hauptbahnhof)
- **Strecke/reine Radelzeit:** 40 km (Rundtour), 2 Std. 30
- **Höhenmeter:** ↗ 24 m, ↘ 24 m
- **Wegbeschaffenheit:** Durchgehend Asphalt, fester Sand- oder Waldweg.
- **Beste Zeit:** Vom ersten Frühlingsgrün bis die Blätter fallen. Wenn's an allen anderen Zielen zu voll wird, hat man hier immer noch seine Ruhe.
- **Mitnehmen:** Getränke, Verpflegung oder vorher unbedingt (wirklich unbedingt) die Einkehrmöglichkeiten checken. Transportbehältnisse für den Einkauf bei den Hachmanns in Voßberg.

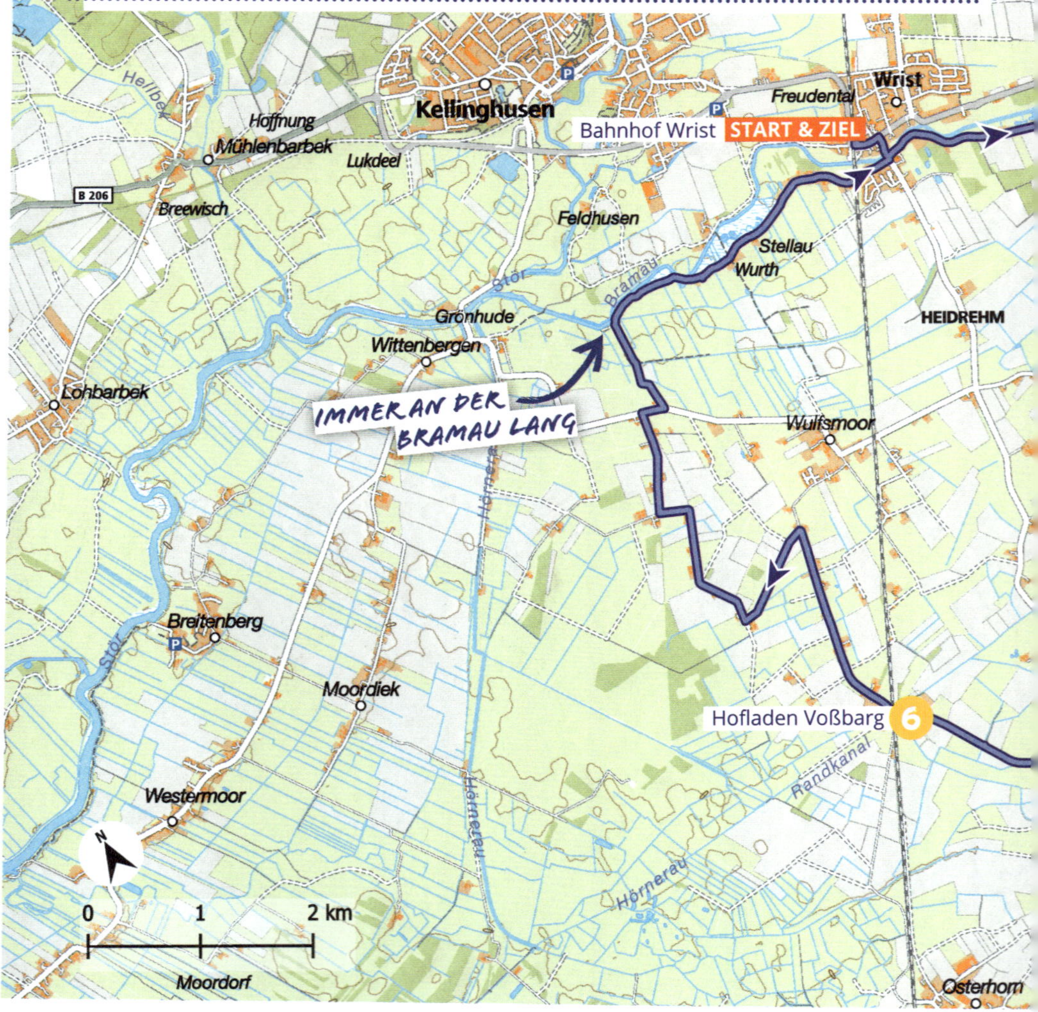

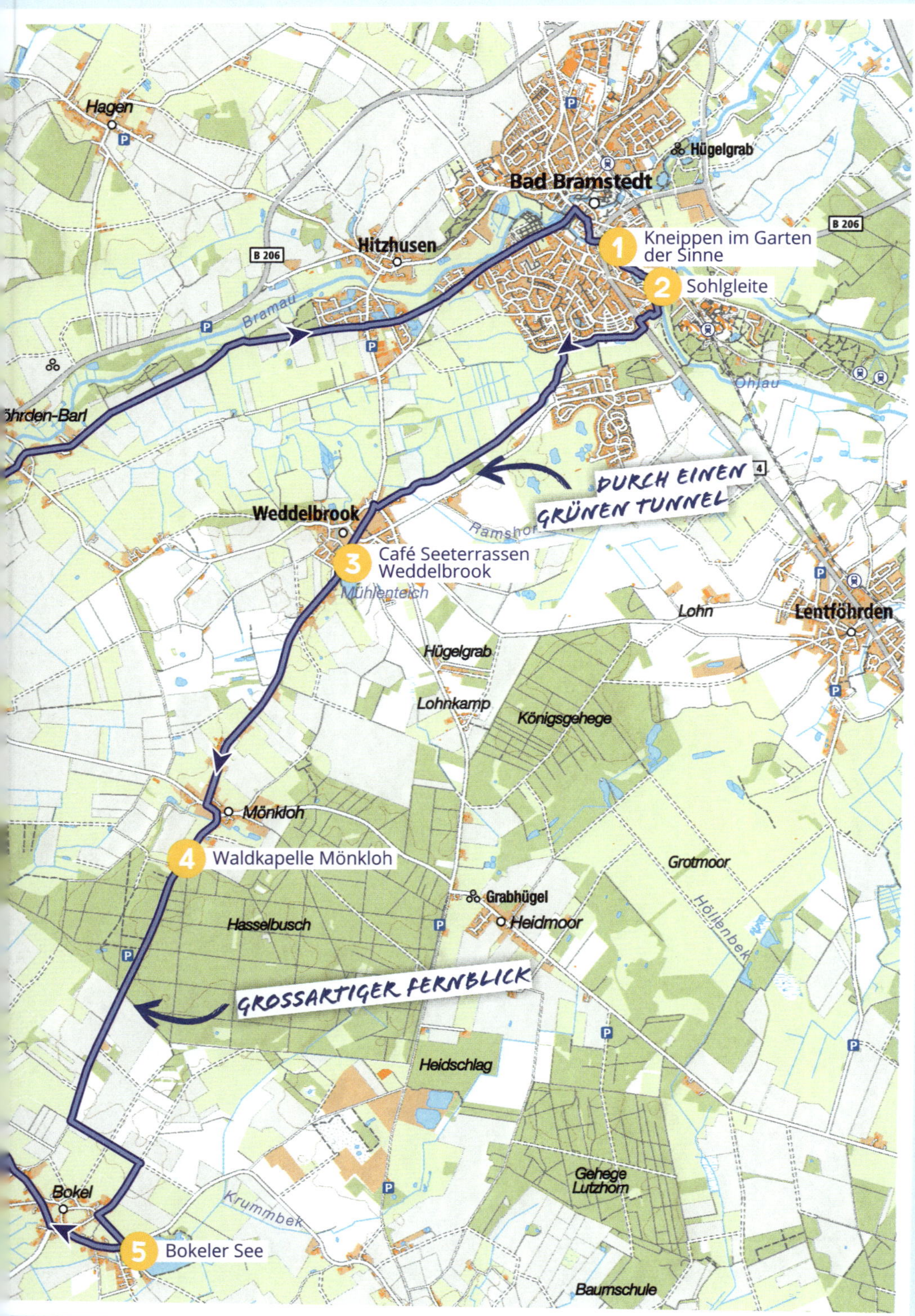

Hagen
Bad Bramstedt
Hügelgrab
B 206
Hitzhusen
B 206
Bramau
1 Kneippen im Garten der Sinne
2 Sohlgleite
Ohlau
öhrden-Barl
DURCH EINEN GRÜNEN TUNNEL
Weddelbrook
Ramshorn
3 Café Seeterrassen Weddelbrook
Mühlenteich
Lohn
Lentföhrden
Hügelgrab
Lohnkamp
Königsgehege
Mönkloh
4 Waldkapelle Mönkloh
Grotmoor
Grabhügel
Heidmoor
Hasselbusch
Höllenbek
GROSSARTIGER FERNBLICK
Heidschlag
Gehege Lutzhorn
Bokel
Krummbek
5 Bokeler See
Baumschule

DIE RADELPAUSEN

»START
Bahnhof Elmshorn

KM 8
1 Fähranleger Kronsnest
Zum Marschtempo finden

KM 10
2 Gut Seestermühe
Unter Linden lustwandeln

KM 21,5
3 Klosterpark Uetersen
Mit Goethe liebäugeln

16 ZUM VERLIEBEN LEICHT

Rundtour durch die Seestermüher Marsch

Der Wermutstropfen vorab: Die romantischsten Einkehrmöglichkeiten auf dieser Tour könnten geschlossenen Gesellschaften vorbehalten sein. Denn zwischen Krückau und Pinnau, zwischen Seestermühe und Uetersen ruft es an jeder Milchkanne: Hochzeitslocation.

KM 24
4 Langes Tannen
Absteigen und Genießen

KM 26,5
5 Green Gables
Unter die Sachensucher gehen

KM 29
6 Liether Kalkgrube
Blick in die Erdgeschichte

KM 35 » ZIEL
Bahnhof Elmshorn

FRÜHLING IN DER MARSCH

» Die alte Industriestadt **Elmshorn** gilt nicht als Schönheit auf den ersten Blick. Auf den zweiten ist aber durchaus was dran an ihrem rauen Charme. Doch bevor man noch den Finger drauflegen kann, was genau das ist, taucht man in eine gänzlich andere Welt ein – eine, die aus Harmonie und Wohlgefallen zu bestehen scheint.

EIN FASAN SPIELT SICH VOR SEINER ANGEBETETEN AUF UND DIE FRÖSCHE TRAGEN IHR HOCHZEITSGEWAND

In der **Seestermüher Marsch** ducken sich die Reetdachkaten so malerisch hinter den Deichen und blühen die Gärten so üppig, dass gewisse Nordseeinseln vor Neid erblassen könnten. Zumal es in den Elbmarschen um einiges entspannter zugeht. Da genießerische Geduld vielleicht nicht jedem in die Wiege gelegt ist, bekommt man es in **Seester** schriftlich:

»Unsere Fähre erinnert an Zeiten, in denen es weniger hektisch zuging als heute. Die Fährleute müssen gelegentlich auch eine Pause machen. An manchen Tagen kann es deshalb zu Wartezeiten kommen. Die Umgebung lädt zu Spaziergängen ein.«

So steht es neben den Beförderungsbedingungen der kleinsten Personenfähre Deutschlands. Etwa die Hälfte der Radlergemeinde nimmt sich den Tipp zu Herzen.

Die andere Hälfte saust in einem Affenzahn über die wunderbar geschwungenen Asphaltstraßen von **Seestermühe nach Neuendeich**. Auf weiten Strecken muss man sich die Straße dabei theoretisch mit Autos teilen, hat sie praktisch aber ganz für sich allein. Bis ein prächtiger Fasan in Schlangenlinien über den Asphalt stolziert – einem Weibchen hinterher. Er ist auf Brautschau. Und damit nicht allein.

Die Marsch scheint wie im Liebesrausch. In jedem Gewässer blasen Frösche ihre Backen auf. Sie tragen jetzt ihr Hochzeitsgewand, ein knackiges gelb-grün, in etwa wie die Deiche. Und auf der Hochzeitsinsel von **Uetersen**, im größten Rosengarten Norddeutschlands, finden die Trauungen im Halbstundentakt statt. Jenseits der Kleinstadt geht es pünktlich zur Nachmittagswärme im schattenspenden Wald weiter. So landet man locker genug am Ziel, um noch einen dritten Blick auf den Elmshorner Hafen und die Haferflockenfabrik zu werfen. Gut möglich, dass es dieses Mal funkt. «

Der Mann mit Fisch von Anke Bunts steht in Elmshorn.

Idyllen dicht am Deich.

Die Tour de Marsch wird das ganze Jahr ausgetragen. Am schönsten sind die Frühlingsetappen.

RADELN & GENIEßEN

START
Bahnhof Elmshorn

Vom Bahnhof über Königstraße links auf Berliner Straße, erste rechts, Propstendamm bis Wendenstraße. Nach Querung über Südufer, Hafenstraße bis Westerstraße. Hier rechts und wieder rechts auf Wisch. Dann wird alles ganz einfach.

Die letzte handbetriebene Fähre Schleswig-Holsteins quert die »Bundeswasserstraße Krückau«.

KM 8

1 **Fähranleger Kronsnest**

Zum Marschtempo finden

Allein der entzückende Wiesenpfad über den Deich bis zum Anleger wäre diesen Stopp wert. Wobei Anleger ein bisschen hochgegriffen ist. Eigentlich sind da nur eine Bank an der Krückau, eine Schutzhütte und ein Fahnenmast mit Glocke. Die könnte man läuten, um den Fährmann zu rufen. Allerdings kann man ihn auch einfach ansprechen. Man muss nicht einmal die Stimme heben. Ein gewaltiger Strom ist die Krückau nämlich nicht gerade. Doch den querenden Eichenholzkahn sollte man trotzdem nicht unterschätzen. In der Sommersaison nutzen mehr als 7000 Passagiere die kleinste Personenfähre Schleswig-Holsteins. Das Übersetzen geschieht nach sehr alter Art, dem Wriggen mit einem Riemen. Dafür braucht man Wissen, Können und Ruhe. Und eben die findet man beim Zuschauen selbst.

Die Tour ist mit einem stilisierten Reetdachgiebel ausgeschildert. Zwischen den Markierungen kann man sich stets auf die grünen Radpiktogramme verlassen.

Im Priörinnengarten des Adeligen Damenstifts lustwandelten schon Landgrafen, Herzöge und Könige.

Im Kanal zwischen den doppelreihigen Linden tummeln sich im Frühling die Frösche.

KM 10

2 Gut Seestermühe
Unter Linden lustwandeln

Um 1700 angelegt, umweht ein nostalgischer Zauber die französische Gartenanlage des Guts Seestermühe. 600 Bäume, eine spezielle Kreuzung aus Sommer- und Winterlinde, laufen in zwei Doppelreihen vom Herrenhaus auf einen Pavillon, das Teehaus, zu. Das Gut selbst befindet sich in Privatbesitz und kann nicht besichtigt werden. Die Lindenallee aber steht Besuchern offen. Sie wurde 2010 zur schönsten Allee in ganz Schleswig-Holstein gewählt und hat mit knapp 700 Metern genau die richtige Länge, um die Beine zwischendurch ein wenig zu lockern.

Die Person, die für Wegführung und Ausschilderung dieser Tour verantwortlich ist, verdient einen Pokal. Einzig in Uetersen könnte man das Piktogramm an der Moltke-Straße übersehen.

KM 21,5

3 Klosterpark Uetersen
Mit Goethe liebäugeln

Als bekannteste Stiftsdame des Adeligen Klosters zu Uetersen gilt Augusta Louise zu Stolberg-Stolberg. Hingerissen von seinem Roman »Die Leiden des jungen Werther« schrieb die junge Frau dem Shootingstar der Literaturszene, dem damals 25-jährigen Johann Wolfgang von Goethe, einen ersten Brief. Der antwortete romantisch. Es entspann sich ein reger Briefwechsel, der später in Buchform unter dem Titel »Goethes Briefe an Auguste zu Stolberg« veröffentlicht wurde. Das Buch könnte man nirgends besser lesen als im stillen Klosterpark, gleich gegenüber der Klosterkirche. Stilecht wäre ein antiquarisches Exemplar. Wer gerade keins zur Hand hat, findet die 18 Briefe auch in der virtuellen Bibliothek Gutenberg-DE (www.gutenberg.org).

Vom Klosterpark der Kastanienallee bis Am Markt folgen. Das Rosarium gegenüber im Uhrzeiger halb umfahren – oder hindurchschieben. Links die Jahnstraße hoch, rechts auf die Tantaus Allee bis zu Langes Tannen.

KM 24

4 Langes Tannen

Absteigen und Genießen

Am Ortsausgang von Uetersen leitet der Radweg mitten durch das ehemalige Anwesen der Familie Lange. Doch um einfach durchzusausen, ist die Anlage viel zu schön. Über Generationen hatte die Familie hier einen Mühlenbetrieb. Er wurde 1874 in die Große Elbstraße in Altona verlegt und der herrliche Stamm- zum Landsitz der Langes. Heute sind Park und Wald der Öffentlichkeit zugänglich, und das klassizistische Wohnhaus ist ein Museum. Gleich nebenan serviert Manuela Brocks selbst gebackenen Kuchen im erhaltenen Sockel einer abgebrannten Windmühle. Es sei denn, dass gerade eine Hochzeitsgesellschaft auf ein Brautpaar anstößt. Das Mühlen Café steht nämlich auch als Trauzimmer zur Verfügung. Öffnungszeiten unter www.cafe-langes-muehle.de

Einfach auf die Ausschilderung verlassen. Sie leitet sicher durch den Wald und zwischen Weiden, Wiesen und Feldern nach Green Gables.

Die schöne Schiebestrecke führt mitten durch das Mühlen Café.

KM 26,5

5 Green Gables

Unter die Sachensucher gehen

Fans von Astrid Lindgren sind begeistert, wenn im Wald ein Wegweiser nach Green Gables auftaucht. Denn sie wissen ja, dass Pippilottas Schöpferin die kanadische Reihe »Anne auf Green Gables« als junges Mädchen geradezu verschlang. Ein wenig gleicht das alte Bauernhaus am Sandberg mit seinen grünen Giebeln sogar der Villa Kunterbunt. Hier leben die Browns und laden dazu ein, Sachensucher zu werden – ganz wie Pippi, Annika und Tommi. Vielleicht im Antiquariat mit mehr als 50 000 Titeln, bei Kunstaktionen, auf dem Kunsthandwerkmarkt, auf Flohmarkttischen oder am Regal mit Marmeladen aus dem eigenen Garten. Auch der steht allen offen, die kurz im Haupthaus Bescheid sagen und »zu vernünftigen Zeiten« kommen. Feste Öffnungszeiten gibt's nicht, aber eine Website (greengables-crafts.com).

Der Sandberg wird zum Birkenweg, zum Lusbarg und zum Langengang und landet am Rande der Kalkgrube.

Museum, Antiquariat, Kulturdenkmal, offener Garten, Villa Kunterbunt. Green Gables ist alles auf einmal.

KM 29

6 Liether Kalkgrube

Blick in die Erdgeschichte

Am 28. April 2017 verlieh die Akademie für Geowissenschaften und Geotechnologien der Liether Kalkgrube (www.lietherkalkgrube.de) bei Elmshorn das Prädikat Nationaler Geotop. Was genau sich hinter dem Ehrentitel verbirgt, lernt man bei einem Abstieg in die einst tiefste Erdbohrung der Welt. Hinunter gelangt man auf einem Schotterweg. Wer nach Lehrpfad und Findlingsgarten noch nicht genug von dem kleinen, aber wirklich beeindruckenden Naturschutzgebiet hat, nimmt noch den 1,7 Kilometer langen Panoramarundweg dicht am Grubenrand mit.

Der Weg ist nun gleich doppelt markiert – mit dem bekannten Giebelpiktogramm und den Wegweisern nach Elmshorn. An der Hamburger Straße angekommen, hilft zusätzlich die Ausschilderung zum Bahnhof.

Wer Elmshorn nur von der Durchfahrt mit dem Zug kennt, staunt (nicht nur) im Ortsteil Lieth.

KM 35 » ZIEL

Bahnhof Elmshorn

EXTRA INFOS:

Für die einen sind es Deiche. Für die anderen die längsten ● **Picknickplätze** der Welt. Wer Tische und Bänke bevorzugt, findet sie zum Beispiel beidseitig der ältesten Drehbrücke Deutschlands in Neuendeich.

● **Schönes Leben auf dem Lande** heißt das Restaurant mit Shop und Café (www.schoenes-leben.com), das mindestens so lässig-stilvoll daherkommt wie die beliebte große Schwester Schönes Leben in der Hamburger Speicherstadt. Die Dependance in Neuendeich ist in einem wunderbaren, uralten Bauernhof untergebracht.

Von Anke Bunts Mann mit Fisch bis zu Panter und Tiger von Hans-Martin Ruhwoldt treffen die Objekte im ● **Skulpturengarten** Elmshorn (www.elmshorn.de/skulpturengarten) recht zielgenau den Hamburger Geschmack.

Norddeutschlands größter Rosengarten, das ● **Rosarium** Uetersen (www.rosarium-uetersen.de), ist rund um die Uhr kostenfrei zugänglich.

SO WARM WIE HIER UNTEN IST ES SELTEN IN NORDDEUTSCHLAND

AUF EINEN BLICK

- **Start/Ziel:** Bahnhof Elmshorn (20–23 Min. ab Hamburg Altona, 24–31 Min. ab Hamburg Hauptbahnhof)
- **Strecke/reine Radelzeit:** 35 km (Rundtour), 2 Std. 15
- **Höhenmeter:** ↗ 21 m, ↘ 21 m
- **Wegbeschaffenheit:** Bis Uetersen durchgehend Asphalt, danach auch kürzere Abschnitte auf gut befahrbaren Waldwegen.
- **Beste Zeit:** In den Wonnemonaten Mai und Juni.
- **Mitnehmen:** Goethes Briefe an Auguste, Picknickkorb und Strohhut – bis Uetersen gibt's kaum Schatten.

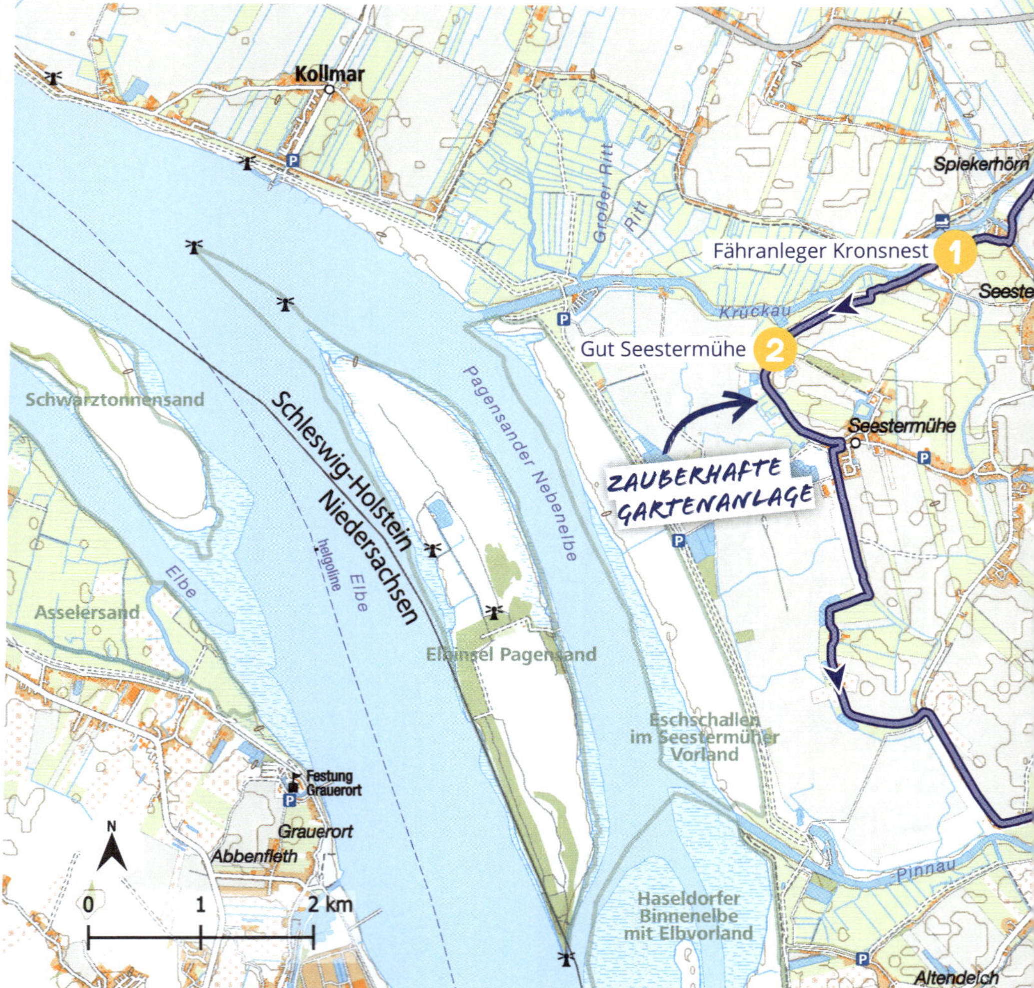

OFFENAU
Krückau
Köllner Wried
LLENDORF
Raa-Besenbek
Elmshorn
Kölln-Reisiek
Ekholter Au
START & ZIEL
Bahnhof Elmshorn
Skulpturengarten
Eckerholz
B 431
Seeth-Ekholt
Schulwald
A 23
Klimawald Elmshorn
Schanze Köhnholz
Butterberg 21
Hochzeitswald Elmshorn
KÜHE, SCHAFE UND ZIEGEN AUF DEM DEICH
Klein Nordende
6
Liether Kalkgrube
Heidgraben
Sahara
5
Green Gables Crafts
AHRENLOHE
VON NUN AN DURCH DEN WALD
Groß Nordende
Tornesch
4
Langes Tannen
Uetersen
ESINGEN
KLOSTERBEZIRK
Rosarium
3
Klosterpark Uetersen
Picknickplätze
De Danzenbarg
Tåberg
Restaurant Schönes Leben auf dem Lande
VENDEICH
MOORREGE
Moorrege
Pinnau
BAULAND
OBERGLINDE
Haselau
HEIDREGE
Appen

DIE RADELPAUSEN

» START
Bahnhof Tornesch

KM 8,5
1 Arboretum Ellerhoop
Ins Gartenthema einsteigen

KM 20,5
2 Himmelmoor Mitteldamm
Sich wie in Skandinavien fühlen

KM 22,5
3 Himmelmoor Nulldamm
Moorfrösche suchen

17

ZURÜCK ZU DEN WURZELN

Von Tornesch nach Elmshorn

Nirgends in Schleswig-Holstein lebt man so dicht an dicht wie im Kreis Pinneberg. Da aber auch nirgends mehr Menschen einen grünen Daumen besitzen, wird diese Tour zu einem Kaleidoskop aus Gärten, Alleen, Solitären, Naturflächen und Parklandschaften.

KM 31

4 Rantzauer See
Rein, rauf oder drumherum

KM 32

5 Schlossinsel Rantzau
Kunst-Genuss

KM 44 >> ZIEL

Bahnhof Elmshorn

AN EINEM UNBEKANNTEN ORT AUSSTEIGEN, ...

» ... den ersten Wegweiser finden. Ihm durch Wohngebiete ins Grüne folgen. Und eben dort dann: innerlich ankommen. Gucken, wo man gelandet ist. Hören, wie die Landschaft klingt. Diese etwa nach Wald- und Wiesenvögeln. Einem Flugzeug hoch oben am Himmel. Und was da in der Entfernung rauscht, ist wohl die Autobahn. So ist das im Hamburger Speckgürtel.

Auf der Haben-Seite: Tiptop-Radwege, hier zunächst der Ochsenweg. Schleswig-Holsteins ältester Radweg wurde früher für den Viehtrieb und als Marschroute von Soldaten genutzt. Heute rollt man auf geteerten Pisten 491 Kilometer von Flensburg nach Wedel. Oder eben 6,5 Kilometer auf versteckter Route von **Tornesch nach Ellerhoop**. Schwer zu glauben, dass es sich bei Pinneberg nicht nur um den kleinsten, sondern auch den bevölkerungsreichsten Kreis von Schleswig-Holstein handelt.

DER RUF VON WILDGÄNSEN UND EINE NATUR, DIE AN WEIT ENTFERNTE LÄNDER DENKEN LÄSST

Dass die Dichte sich so luftig anfühlt, liegt am vielleicht besten Gewerbe von allen. Seit Urzeiten hat man sich in Pinneberg dem Aufschulen (Pflanzen) und Verschulen (Umpflanzen) von Bäumen verschrieben. Ein Baumschulland dieser Größe und Geschlossenheit findet man weltweit nur sehr selten. Baumschulbarone nannte man die großen Gärtner in früherer Zeit. Wenig ist so wichtig für unsere Zukunft wie das jahrhundertalte Fachwissen, das sich in der Gegend konzentriert.

Nach exzessiven, extensiven Jahrzehnten machen sich heute etliche Vereine und Stiftungen um den Naturschutz verdient. Kümmern sich um Artenvielfalt, seltene Pflanzen und Tiere. Was Menschen für und mit der Natur leisten können, lässt in der **Bilsbekniederung** Gutes hoffen und im **Himmelmoor** das Herz aufgehen.

Auf der Schlossinsel in **Barmstedt** gilt es zu entscheiden: Reicht die Puste noch für zehn wunderschöne Kilometer auf dem **Krückauwanderweg** nach **Elmshorn**? Oder spart man sich die für ein anderes Mal auf? Lässt sich später von der A3 kutschieren, die nicht einmal eine Viertelstunde braucht? Und genießt bis dahin die Abendsonne am See? «

Ehemals intensiv genutzt, heute wieder artenreich: die Bilsbekniederung.

Die letzte Etappe führt immer an der Krückau entlang.

Remise auf der Barmstedter Schlossinsel.

RADELN & GENIEßEN

Irgendwas blüht immer im Arboretum.

START

Bahnhof Tornesch

Aus dem Bahnhof raus, rechts in den Lindenweg, rechts Kleiner Moorweg, links Kaffeetwiete, links Schäferweg – dann den Piktogrammen von Ochsenweg (kimbrische Halbinsel) oder dem Geologie-&-Gärten-Turn (Orchidee) folgen.

Wasserwald im Arboretum Ellerhoop.

KM 8,5

1 Arboretum Ellerhoop

Ins Gartenthema einsteigen

Blau ist die schönste aller Farben, zitiert eine Tafel Pablo Picasso am Beginn des Rundweges durch das Arboretum Ellerhoop (www.arboretum-ellerhoop.de). Bunt ist aber auch nicht schlecht, denkt man während des Spaziergangs durch Wiesenlandschaften und Wasserwald, im Bauerngarten und am Lotossee. Hervorgegangen aus einem Baumpark, hat sich die Gartenschau zu einer enorm vielseitigen Parkanlage entwickelt, die im Jahresverlauf mit ganz unterschiedlichen Highlights punktet. Geöffnet ist das Arboretum von Mitte Januar bis Ende November.

Vom Arboretum führt der kleine Frosch des Radwegs 5 durch die Bilsbekniederung. Wenn Am Hörn und Dorfstraße aufeinandertreffen, der Dorfstraße nach Rentzel folgen. Dort am Schulweg links Richtung Himmelmoor.

Im Sommer zockelt die Moorbahn um das Himmelmoor.

KM 20,5

2 Himmelmoor Mitteldamm

Sich wie in Skandinavien fühlen

Den ersten Blick aufs Himmelmoor erlebt man mit dem Rad um Welten anders als mit dem Auto. Denn der Parkplatz in der Nähe des Nulldamms kann natürlich nicht mithalten mit dem Ausguckshügel am Mitteldamm, gleich über den Gleisen der alten Moorbahn. Dort spielt der Wind mit den Birken, torkeln Schmetterlinge über Wollgras, mischen sich Möwenschreie mit Entengeschnatter, den Rufen von Reihern und Schwanengesang. Und auf den kleinen Inseln, die aus der wiedervernässten Fläche ragen, leben vielleicht, nein, ganz sicher, Mumintrolle.

Das wunderschöne Himmelmoor gegen den Uhrzeigersinn zu einem Viertel umrunden. Schieben ist hier absolut kein Fehler.

Das größte Hochmoor Schleswig-Holsteins liegt bei Quickborn.

Der Moorfrosch steht europaweit unter Schutz.

KM 22,5

3

Himmelmoor Nulldamm

Moorfrösche suchen

Der Moorfroschpfad ist ein vier Kilometer langer Rundweg über federnde Torfdämme und geschwungene Bohlenwege. Ob man einen der blauen Publikumslieblinge zu Gesicht bekommt, ist schon nach einigen Metern nicht mehr das Wichtigste. Es gibt so viel anderes zu bestaunen und erfahren. Noch bis vor wenigen Jahren wurde im Himmelmoor Torf abgebaut. Ein Vertrag aus dem Jahr 1919 hatte die vollständige Ausbeutung bestimmt. Obwohl man ab einem gewissen Zeitpunkt um die Bedeutung von Mooren für den Klimaschutz wusste, machte man weiter. Etlichen rührigen Naturschützer:innen sei Dank, das Moor wurde 2018 endlich unter Schutz gestellt. Zu 75 Prozent absolut. Durchs verbleibende Viertel darf gestromert werden. Dafür lässt man das Rad gern beim Ausguck am Nulldamm stehen.

Dem Pfad vom Aussichtspunkt Kleiner Knust bis Im Wohld folgen. An der Dorfstraße links bis Hemdingen. Weiter auf dem Begleitweg der Barmstedter Straße. Sie wechselt einige Male den Namen, führt aber geradewegs nach Barmstedt.

KM 31

4

Rantzauer See

Rein, rauf oder drumherum

Der Rantzauer See wird bei der Barmstedter Badewonne erreicht. Die 32 Grad des Wellenschwimmbads erreicht der See natürlich nie. Seine Wasserqualität ist aber auch sehr gut und die (unbewachte) Badestelle mit Sandstrand gleich daneben nicht nur kostenfrei zugänglich, sondern auch perfekt, um sich im Sommer den Staub der Feldwege vom Körper zu waschen. Von Frühling bis Herbst lässt sich der Rantzauer See auch prima an Bord eines Ruder- oder Treetboots erkunden. Wenn der Bootsverleih seine Pforten schließt, bleibt immer noch der Spaziergang um den See herum.

Den See gegen den Uhrzeigersinn halb umrunden.

Birkenwald, fast wie in Finnland.

Das Cabrio steht direkt beim Schloss.

KM 32

5 Schlossinsel Rantzau

Kunst-Genuss

Wie jede Insel, die etwas auf sich hält, ist auch die bezaubernde Schlossinsel im Rantzauer See eine kleine Welt für sich (www.barmstedt-und-umland.de). Und zwar eine ganz bezaubernde. Das Schloss entpuppt sich als denkbar unprätentiöser Backsteinbau. Umso niedlicher fallen die winzige Remise und das ehemalige Schlossgefängnis aus. Dazwischen gibt es viel Kunst im Öffentlichen Raum, Ateliers und Galerien, ein Museum, eine Wassermühle, Bänke und eine Wiese mit Seeblick für ein Picknick. Proviant für Letzteres bekommt man zum Beispiel im Hotel und Restaurant Seegarten, das mit einer Sommerterrasse und einem Wintergarten aber auch zur Einkehr vor Ort einlädt (www.seegarten.info).

Beim Parkplatz der Schlossinsel rechts entlang der Hauptstraße. Nach wenigen hundert Metern führt der Weg gegenüber in den Wald. Dort ist der Krückauwanderweg bis Elmshorn top ausgeschildert.

EXTRA INFOS:

Im Arboretum Ellerhoop serviert das Team vom ● **Café im Münsterhof** Kuchen und Kleinigkeiten. Noch schöner sind allerdings die vielfältigen Picknickmöglichkeiten im Park: auf großen, weichen Kissen, auf im Grün versteckten Bänken oder sonnenbeschienen Liegestühlen.

Die tollsten Picknicktische und -bänke im Himmelmoor findet man am **Nulldamm** (Stopp 3). Sie stehen direkt am Wasser und auf Aussichthügeln.

Die **Stiftung Wildes Schleswig-Holstein** lädt Naturverbundene an 20 Plätzen zu einer Nacht unter den Sternen ein. Der kostenfreie Trekkingplatz in Barmstedt liegt auf einem großen, ruhigen Privatgrundstück. Eine Voranmeldung ist nicht erforderlich. Auf stiftungsland.de sind die Trekkingplätze zu finden.

KM 44 » ZIEL

Bahnhof Elmshorn

Einer von 90 Menschenaffen auf der Schlossinsel. Erbsünde lautet der Titel des Kunstwerks von Liu Ruowang.

Barmstedt
Rantzauer See
4
Schlossinsel
5
Bast
Bokholt-Hanredder
Dau See
Klein Offenseth-Sparrieshoop
Freudenthaler See
Offenau
Stadtwald Sibirien
OFFENAU
Bokholter See
UNTER DER AUTOBAHN HINDURCH
Bullenkuhlen
Köllner Wried
Kölln-Reisiek
Kölln
Eckerholz
Bevern
Ekholter Au
ZIEL
Bahnhof Elmshorn
Elmshorn
B 431
Seeth-Ekholt
Schulwald
A 23
Schanze Köhnholz
Butterberg 21
Seeth
Ellerhoop
Hochzeitswald Elmshorn
Klein Nordende
Café im Münsterhof
Arboretum Ellerhoop
1
ÜBER DIE AUTOBAHN HINWEG
Heidgraben
Bokhorst
AHRENLOHE
Esinger Wohld
Groß Nordende
Bahnhof Tornesch
START
Tornesch
Langes Tannen
ERSTE BANK IM GRÜNEN
ESINGEN
Prisdorf
N
0
1
2 KM

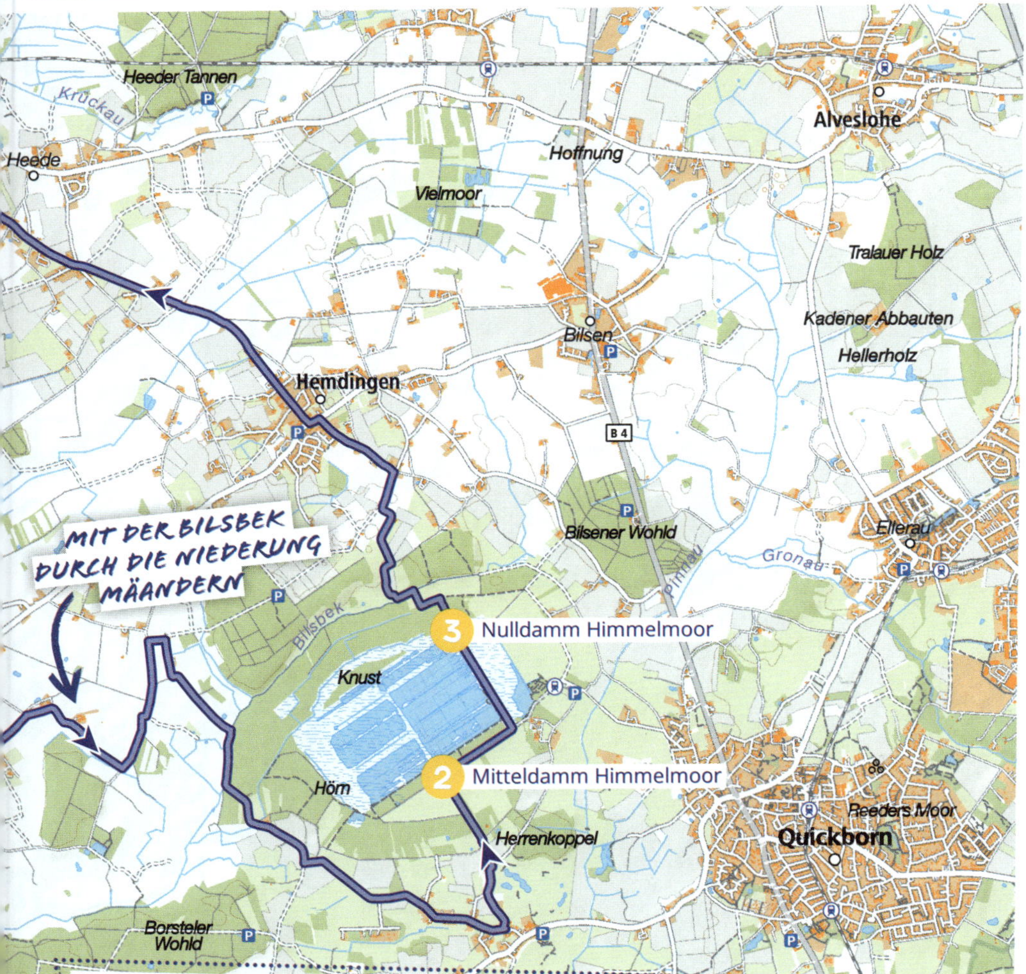

AUF EINEN BLICK

» **Start:** Bahnhof Tornesch (17–32 Min. ab Hamburg Altona)
» **Ziel:** Bahnhof Elmshorn (20–24 Min. bis Hamburg Altona)
» **Strecke/reine Radelzeit:** 44 km (Streckentour), 3 Std. Oder nur bis Barmstedt, dann etwa 32 km bis zum Bahnhof.
» **Höhenmeter:** ↗ 18 m, ↘ 30 m
» **Wegbeschaffenheit:** Viel Asphalt, rund ums Himmelmoor aber auch uneben, holprig, sandig – und nach Regenfällen matschig.
» **Beste Zeit:** Frühling bis Herbst.
» **Mitnehmen:** Getränke, im Sommer Badesachen. Fahrradkorb für Pflanzen direkt vom Erzeuger.

DIE RADELPAUSEN

» START
Bahnhof Wedel

KM 2
1 Willkommhöft
Gabelfrühstück

KM 10
2 Hetlinger Schanze
Strandexkursion

KM 12,5
3 Aussichtsturm Haseldorfer Binnenelbe
Vogelkieks

18 LA PALOMA OHE

Auf dem Elberadweg von Wedel nach Glückstadt

Der Elberadweg bietet viele tolle Alternativen. Aber nur diese schmeckt nach Meer. Nur auf dieser hat man die Chance, Robben an den Sandstränden sichten. Und nur auf dieser kommt man sicher in Glückstadt an. Verfahren ist quasi unmöglich.

KM 14
4 Haseldorfer Hafen
Abstecher ins Schlaraffenland

KM 25
5 Krückau Sperrwerk
Deichsitting mit Schafen

KM 38
6 Innenhafen Glückstadt
Sundowner im Stadtdenkmal

KM 38,5 » ZIEL
Bahnhof Glückstadt

WENIG IM LEBEN IST SO LEICHT ...

» ... wie ein Tag auf dem Elberadweg zwischen **Wedel** und Glückstadt. Wenig ist dabei so angenehm wie Sommerwind von Süden und ein gutes Team. Wenn man aber doch unbedingt an irgendetwas herumnörgeln möchte, dann wären es höchstens die Schafsgatter. Hin und wieder heißt es absteigen, öffnen, durchschlängeln und das Tor sorgsam wieder hinter sich schließen. Das funktioniert mit Hilfe eindeutig besser als allein.

WENIG BRINGT AUF SO GUTE GEDANKEN WIE VORÜBERZIEHENDE SCHIFFE

Auch schnackt es sich so prima, während man am Fluss entlangrollt. Wobei: Falls gerade niemand Zeit hat mitzukommen, ist es auch nicht weiter tragisch. Die Elbe ist selbst eine gute Begleiterin. Und wenig bringt einen ja auf so gute Gedanken wie vorüberziehende Schiffe. Auch landwärts bleibt kaum ein Meter ohne neue Entdeckungen – obwohl es doch immer nur schnurgeradeaus geht.

Unter den vier deutschen Ästuaren ist die Elbmündung das größte. Weil die Tragweite des Verschwindens dieser vom Aussterben bedrohten Lebensräume allmählich allen klar wird, wird langsam aber sicher gegengesteuert. So erstaunt die kleinste holsteinische Elbmarsch mit einem der größten Naturschutzgebiete Schleswig-Holsteins, der **Haseldorfer Binnenelbe mit Elbvorland**. Hier sind großflächig Süßwasserwatten erhalten. Für die Vogelwelt ist das unwiderstehlich. Für Birdwatcher daher auch.

Die Sperrwerke von Pinnau und Krückau markieren in etwa das **Naturschutzgebiet Eschschallen**; einen Rest der Urstromlandschaft am Rande der Seestermüher Marsch. Dort bildet das weite Elbvorland mit der komplett unter Schutz gestellten Insel Pagensand eine der wichtigsten Kinderstuben und ein bedeutendes Rückzugsgebiet für Fische.

Als Rückzugsgebiete für Menschen können **die Häfen und Strände von Kollmar und Bielenberg** gelten. Auch das gastronomische Angebot wird etwas größer. Aber nicht so sehr, dass man in Entscheidungsnöte geriete. Das wird erst ein Problem – und zwar das einzige dieser Tour, versprochen – wenn man **Glückstadt** erreicht. «

Im Stadtdenkmal Glückstadt reihen sich malerische Fassaden aneinander.

Nördlich von Glückstadt kommen Nordseegefühle auf.

Dreiländerblick in Wedel.

RADELN & GENIEßEN

START
Bahnhof Wedel

Einfach die Bahnhofstraße runterrollen, bis sie Rollberg heißt. An der Ecke Parnaßstraße weist dann schon die Elbe den Weg.

KM 2

1 **Willkommhöft**

Gabelfrühstück

Wenn man schon mal in Wedel ist, gehört ein Besuch der Schiffsbegrüßungsanlage zum Pflichtprogramm. Sie ist genau die richtige Kulisse für ein ausgedehntes zweites Frühstück, im traditionsreichen Schulauer Fährhaus (www.schulauer-faehrhaus.de) oder an den Fischbrötchenbuden nebenan. »Willkommen in Hamburg«, scheppert es dort mehrmals täglich aus den Lautsprechern, wenn ein Ozeangigant mit Hymne und Landesflagge begrüßt wird. Dippen und Dudeln nennt man das im Fachjargon. Und das macht Lust, selbst auf große Fahrt zu gehen. Na, denn man tau.

Immer an der Elbe lang über Strandweg, Strandbaddamm, Deichstraße.

Zum Dippen und Dudeln ins Schulauer Fährhaus.

KM 10

2 **Hetlinger Schanze**

Strandexkursion

Bis 1865 war der Strand an der Hetlinger Schanze noch dem dänischen König zum Privatpläsier vorbehalten. Heute ist er ein beliebtes Ausflugsziel, wichtiger Lebensraum für sehr spezielle Insekten und Brutgebiet für jede Menge Vögel. Darum ist es auch besonders wichtig, die Sperrzonen zu beachten. Sie sind auf einer Infotafel beim Strandzugang festgehalten. Erlaubt ist ein kleiner Rundgang von etwa 1,5 Kilometern, der vom Sandstrand in einen bezaubernden kleinen Tide-Auenwald mit Weidentunneln und Prielen führt.

Binnendeichs bleiben, um den Pfad zum Aussichtsturm nicht zu verpassen.

Naturschutzgebiet Haseldorfer Binnenelbe mit Elbvorland.

KM 12,5

3 Aussichtsturm Haseldorfer Binnenelbe

Vogelkieks

Vom Schanzenturm blickt man in ein Vogelparadies. In Schilfmeeren, stehenden Gewässern und Hochstauden brüten Bekassine, Uferschnepfe, Brau- und Blaukehlchen, Wachtelkönig, Tüpfelsumpfhuhn, Rohrdommel, Zwerg- und Singschwan, Eisvogel, Rohrweihe, Wanderfalke, Neuntöter, Schilfrohrsänger, Bart- und Beutelmeise, Kiebitz, Rotschenkel, Sandregenpfeifer, Graugans, Löffel-, Reiher-, Krick-, Spieß-, Schnatter-, Pfeif- und Stockente. Um nur mal einige der Arten zu nennen, die man vielleicht vor das Fernglas kriegt. Mit Glück sogar Seeadler. Nebenbei ist die Aussicht auch nicht gerade schlecht.

Wer auf diesem Abschnitt weiter binnendeichs bleibt, kann sich an einer Kormorankolonie erfreuen. Die bekleckstén Bäume sind vom Weg aus gut zu sehen.

Die Hetlinger Schanze kann als das Gegenteil der Hamburger Schanze bezeichnet werden.

In Haseldorf versteckt sich eine der größten öffentlich zugänglichen Obstsortensammlungen Deutschlands.

KM 14

4

Haseldorfer Hafen

Abstecher ins Schlaraffenland

Ob die Röökerkist im winzigen Hafen von Haseldorf geöffnet hat, ist Glückssache. Falls man den beliebten Imbiss verrammelt findet, muss man zwischen Juni und November auch nicht verhungern. Denn irgendeine Frucht erreicht immer gerade die Vollendung im Obstgarten alter Sorten (www.haseldorfer-marsch.de > Haseldorf > Obstgarten alter Sorten). Im Frühling muss man sich sattsehen. Auf Höhe des reetgedeckten Sanitärhäuschens schickt ein hölzerner Wegweiser auf den 700 Meter langen Wiesenpfad, der an sich schon eine Freude ist. Er endet an einem Zauntritt, denn wie beinahe alles in den Elbmarschen wird auch der Garten von Schafen gehütet und gepflegt. Sie haben aber nichts dagegen, wenn man sich an den 500 Bäumen bedient, die 125 Apfel-, 37 Birnen-, 25 Pflaumen- und 7 Kirschsorten tragen.

Öffnungszeiten der Sperrwerke an Pinnau und Krückau checken (www.seestermuehe.de > Infos > Sperrwerkzeiten) oder auf gut Glück losradeln und gegebenenfalls bei geschlossener Schranke eine Stunde auf dem Deich warten.

KM 25

5

Krückau Sperrwerk

Deichsitting mit Schafen

Es gibt keinen speziellen Grund, diesen Stopp exakt hier einzulegen. Er könnte auch überall anders sein. Am Pinnausperrwerk vielleicht. Oder davor. Oder danach. Doch einer Faustregel folgend, braucht es etwa 25 Kilometer, um auf Deichtempo herunterzufahren. Dann ist man bereit, sich unter die freilebenden Schafe zu mischen. Die tun nichts als grasen, dösen, in die Gegend gucken und schlafen, und es bringt sie auch nicht groß aus der Ruhe, wenn man sich daneben setzt, um sich von ihnen zeigen zu lassen, wie das geht: ganz im Hier und Jetzt zu sein. Den Blick weit werden lassen. Sonne und Wind spüren. Das Gras wachsen hören. Ein Moment der Kontemplation, wenn nicht gar Transzendenz.

Immer am Deich lang – der Elberadweg leitet direkt zur historischen Hafenmeile.

Der Moment, wenn sich ein Lämmchen neugierig nähert.

KM 38

6 Innenhafen Glückstadt

Sundowner im Stadtdenkmal

Egal, was dänische Königinnen und Könige anfassen, es sieht einfach unheimlich gut aus. Wen interessiert es im malerischen Binnenhafen heute schon, dass Christian IV. viel größere Pläne hatte, als er 1617 mitten in der unerschlossenen Marsch den Grundstein legte. Mächtiger als Hamburg sollte der Hafen nach seinen Vorstellungen werden. Stattdessen entwickelte er sich zu dem vielleicht entzückendsten Ort im ganzen Norden. Besser als im Nettchen am Hafen, mit Blick auf Segelboote und hochherrschaftliche Palais sitzt man schwerlich (www.nettchen-hafen.de). Und insofern haben sich seine Worte als wahr erwiesen: Dat shall glücken und dat mut glücken und dann shall se ok Glückstadt heten.

Mit dem Hafen im Rücken links über Am Fleth zum Marktplatz. Von dort zieht sich die Fußgängerzone bis zum Bahnhof.

EXTRA INFOS:

Seit er seinen Job als Bankkaufmann an den Nagel gehängt hat, postet Florian Impressionen unter #somusselbe in die Welt. Auf der Karte seiner ● **Beachbars in Bielenberg und Kollmar** stehen Backfisch, Butterkuchen und Co. (strandfloh-bielenberg.de).

KM 38,5 » ZIEL

Bahnhof Glückstadt

Regional, saisonal und vollkommen entspannt: das Bistro Nettchen im Hafen von Glückstadt.

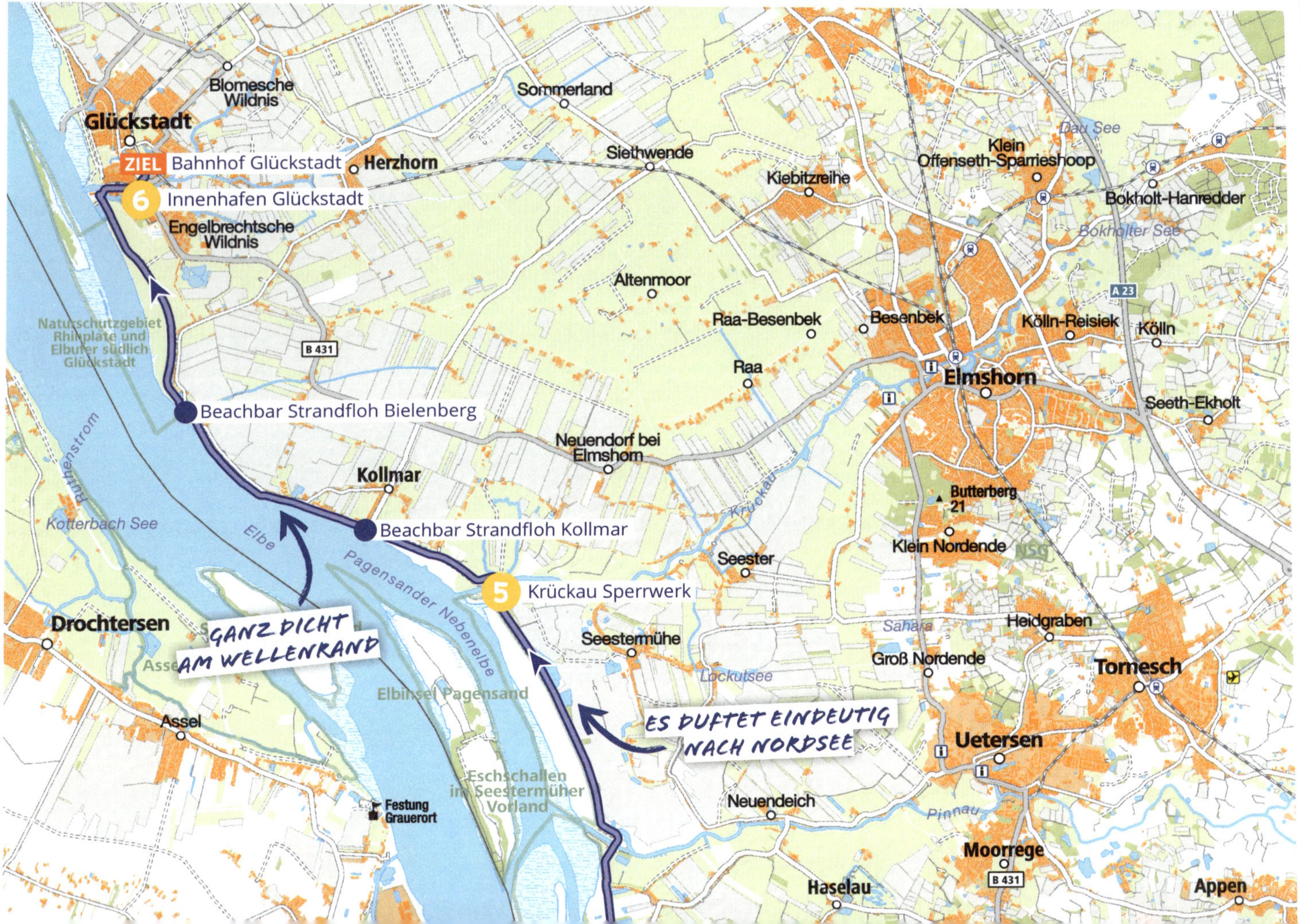

ZIEL Bahnhof Glückstadt
6 Innenhafen Glückstadt
Beachbar Strandfloh Bielenberg
Beachbar Strandfloh Kollmar
5 Krückau Sperrwerk
GANZ DICHT AM WELLENRAND
ES DUFTET EINDEUTIG NACH NORDSEE
Glückstadt
Blomesche Wildnis
Sommerland
Herzhorn
Siethwende
Engelbrechtsche Wildnis
Naturschutzgebiet Rhinplate und Elbufer südlich Glückstadt
B 431
Altenmoor
Kiebitzreihe
Raa-Besenbek
Besenbek
Raa
Neuendorf bei Elmshorn
Kollmar
Elbe
Pagensander Nebenelbe
Elbinsel Pagensand
Eschschallen im Seestermüher Vorland
Festung Grauerort
Drochtersen
Assel
Kotterbach See
Ruthenstrom
Seester
Seestermühe
Krückau
Lockutsee
Neuendeich
Haselau
Klein Offenseth-Sparrieshoop
Dau See
Bokholt-Hanredder
Bokholter See
A 23
Kölln-Reisiek
Kölln
Elmshorn
Seeth-Ekholt
Butterberg 21
Klein Nordende
NSG
Sahara
Heidgraben
Groß Nordende
Tornesch
Uetersen
Pinnau
Moorrege
Appen

AUF EINEN BLICK

- **Start:** Bahnhof Wedel (27 Min. ab Hamburg Altona)
- **Ziel:** Bahnhof Glückstadt (44 Min. bis Hamburg Hauptbahnhof)
- **Strecke/reine Radelzeit:** 38,5 km (Streckentour), 2 Std. 30
- **Höhenmeter:** ↗ 24 m, ↘ 17 m
- **Wegbeschaffenheit:** Durchgehend asphaltiert.
- **Beste Zeit:** Frühling bis Herbst und auch an sehr milden Wintertagen, besser nicht bei Wind aus West.
- **Mitnehmen:** Lieblingsmensch, Fernglas für Vogelbeobachtungen, Sonnenschutz, zwischen Oktober und Mai Proviant.

DIE RADELPAUSEN

>> START
Bahnhof Sülldorf

KM 7
1 Schnaakenmoor
Der Stille lauschen

KM 8
2 Wildgehege
Waschbär, Wildschwein, Walditis

KM 17,5
3 Holmer Sandberge
Sonnenbad mit Eidechsen

19 WILD, WALD UND WELLEN

Von Sülldorf nach Blankenese

Zersiedelte Landschaften sind am Rande großer Städte immer ein Problem. Im Westen von Hamburg haben sich der Bezirk Altona und acht Gemeinden Schleswig-Holsteins zusammengetan, um es zu lösen. Der Regionalpark Wedeler Au gilt als vorbildhaft.

KM 21
4 Feuerlöschteich
Picknick wie auf Birkenlund

KM 36,5
5 Wittenbergen
Mit den Füßen ins Wasser

KM 39
6 Blankenese
Absacker mit Uwe

KM 42 » ZIEL
Bahnhof Blankenese

AM ENDE DIESER TOUR, …

» … wenn man mit Abendsonne im Gesicht am Strand sitzt, kann man die erfahrene landschaftliche Vielfalt noch immer kaum glauben. Wald und Moor, Felder und Wiesen, Strand und Dünen, Ebbe und Flut. Alles, was die norddeutsche Natur ausmacht, hat man dann gesehen. Gehört, geatmet, gespürt. Und gelernt, dass früher nicht alles zwingend besser war.

DER SCHÖNSTE MOMENT: WENN BEI UWE DIE ROTE SONNE IM MEER VERSINKT

Es beginnt mit der Wedeler Au, die man gleich in der **Sülldorfer Feldmark** zum ersten Mal quert. Sie galt noch in den 1960er-Jahren als eines der am stärksten belasteten Gewässer Westdeutschlands. Heute arbeiten Hamburg und Schleswig-Holstein gemeinsam – und erfolgreich – an der Renaturierung des 13 Kilometer langen Wald- und Wiesenbachs.

Den Klövensteen, eines der größten Waldgebiete Hamburgs, hat es früher sogar überhaupt nicht gegeben. Gepflanzt wurde er erst vor 150 Jahren. Er besteht vornehmlich aus Kiefern und Fichten, denen Lärchen und Douglasien beigemischt sind. In seinen Senken bilden die Reste alter Moore einen attraktiven Kontrast. Sie bedeckten einst gewaltige Flächen, wurden aber in den 1930er-Jahren weitgehend zerstört. Heute bemüht man sich um ihren Schutz genauso wie um die Verwandlung des Klövensteens in einen Mischwald. So hofft man, ihn für den Klimawandel zu stärken.

Östlich von Holm hat ein kleines Gebiet zu seinem Ursprung zurückgefunden, der bis in die letzte Eiszeit reicht. Mehr als 15 Hektar Dünenflächen wurden hier freigelegt. Sie müssen regelmässig entkusselt (von kleinen Gehölzen befreit) werden. Auch die **Heideflächen von Wittenbergen** werden so gepflegt.

Auf dem fast 100 Meter hohen Geestrücken warten die wunderbarsten Elbaussichten, und am Fuße der bewaldeten Hänge lockt das Heiligtum von Hamburg, der Strand. Der Abschnitt in **Rissen** ist der letzte natürliche entlang der 13 Kilometer langen Copacabana von Hamburg, und vielen gilt er auch als der Schönste. Nebenan in **Blankenese**, mit Abendsonne im Gesicht und einem kühlen Getränk in der Hand, sitzt es sich bekanntlich auch nicht gerade schlecht. «

Der Klövensteen, Altonas größter Wald, bildet die Westgrenze von Hamburg.

Mindestens einmal pro Sommer gehört ein Sonnenuntergang in Blankenese auf die To-do-Liste.

Sogar Flugzeuge tauschen den Himmel hin und wieder mit der Elbe.

RADELN & GENIEßEN

START
Bahnhof Sülldorf

Vom Bahnhof Sülldorf dem Sülldorfer Kirchenweg in nördliche Richtung folgen. Beim links abzweigenden Lehmweg befindet man sich bereits auf einer der drei Regionalpark-Radrouten. Die Waldroute ist mit einem roten Eichenblatt markiert.

KM 7

1

Schnaakenmoor

Der Stille lauschen

Kurz hinter dem beliebten Ausflugslokal Pony-Waldschänke legt sich die Waldroute in eine Linkskurve und erreicht das Schnaakenmoor. Bis vor wenigen Jahren durfte man außerhalb der Brutzeiten auf einem Moorpfad noch mitten hineinspazieren. Seit der Besucherdruck nicht mehr auf den vielen gefährdeten Arten lastet, fühlen sich Eidechsen, Blindschleichen, Kreuzottern und Moorfrösche noch wohler als zuvor. Wer will da schon meckern. Besser, man lässt sich von der stillen Gesellschaft inspirieren und den Blick schweifen und wird darüber selbst ganz ruhig.

Weiter auf der Waldroute.

Lässt der Hahn die Arbeit ruh'n, kriegt er's mit dem Huhn zu tun.

Das Schnaakenmoor ist etwa 10 000 Jahre alt.

Die Dünen sind Reste alter Sandverblasungen im einstigen Urstromtal der Elbe.

KM 8

2 Wildgehege

Waschbär, Wildschwein und Waldiltis

Was haben wilde Eisbären und die geselligen, zutraulichen Lachshühner aus dem Klövensteen gemeinsam? Sie sind vom Aussterben bedroht. Dass Artensterben eben nicht nur Exoten in fernen Ländern betrifft, sondern sogar etliche heimische Haustierrassen, lernt man bei einem Rundgang durch das Wildgehege Klövensteen (www.hamburg.de/altona/wildgehege-kloevensteen). Damit jedes Kind eine Beziehung zu Wildschweinen, Waschbären, Mufflons und anderen Wildtieren aufbauen kann, ist der Besuch kostenlos. Denn: »Nur wer die Natur liebt, will sie auch schützen.« So steht es auf einer Infotafel im Wildgehege, wo man sich ganz diesem Motto verschrieben hat.

Einige hundert Meter auf der Waldroute zurückfahren, dann weiter geradeaus auf der Rissener Chaussee bis zur Wedeler Chaussee. Dort geht es links auf die mit einer Eidechse markierte Dünenroute.

KM 17,5

3 Holmer Sandberge

Sonnenbad mit Eidechsen

Gleich hinter dem Besucherparkplatz am Eggernkamp öffnet sich das größte Binnendünengebiet Schleswig-Holsteins. Stürme wehten den Sand aus dem Elbe-Urstromtal über Jahrhunderte zu hohen Dünen auf. In den 1920er-Jahren massiv aufgeforstet, wurde die Sandfläche erst 2005 wieder freigelegt. Seitdem darf man mit Sandlaufkäfern und Sandbienen durch die Berge stapfen. Also Rad abstellen und hinein, bevor es auf dem blau markierten Rundweg wieder in den Wald geht. Mit Glück trifft man auf die knallgrüne Zauneidechse, die sich hier gern in der Sonne aalt.

Weiter auf der Dünenroute.

Picknickplatz am Katastrophenweg.

KM 36,5

5 Wittenbergen
Mit den Füßen ins Wasser

Und wenn alle in die Elbe springen, darfst Du's trotzdem nicht. Das kriegen alle Hamburger Jungs und Deerns schon von der Oma eingebläut. Denn auch wenn die DLRG sich in Wittenbergen einen exquisiten Badetempel gebaut hat, ist die Elbe noch immer kein Badetümpel. Auch DLRG-Landespräsident Jochen Möller sagt: »Schwimmen in der Elbe ist so, als wenn Sie auf der Autobahn A 7 oder A 1 spielen – es ist einfach lebensgefährlich.« Die Elbe fließt schneller als jeder Schwimmer, und der Schiffsverkehr sorgt für starken Sog und Schwell. Auch die Wasserqualität ist nicht immer die beste. Doch nun genug gemosert. Schuhe aus, Strümpfe aus und rein ins Wasser – aber nur bis zu den Knöcheln und bloß ganz vorn am Wellenrand. Das tut nach mehr als 30 Kilometern auf dem Tacho richtig gut.

Über Rissener Ufer und Falkensteiner Ufer nach Blankenese.

KM 21

4 Feuerlöschteich
Picknick wie auf Birkenlund

Der Katastrophenweg am Eingang zum Naturschutzgebiet Holmer Sandberge trägt seinen dramatischen Namen, weil er zum Feuerlöschteich führt. Das von Seerosen bedeckte Gewässer mit kleiner Insel, umlaufendem Wanderpfad und Sandstränden wirkt idyllisch, ist aber nicht natürlichen Ursprungs. Es entstand in den 1970er-Jahren durch Sandabbau. Und doch: Dank 70 000 frisch gepflanzter junger Birken ist der Blick vom Picknickplatz fast so schön wie in Bullerbü. Wo könnten Fleischklößchen, Butterbrot und Limonade besser schmecken?

Weiter auf der Dünenroute bis zum Seemoorweg. Dort wieder ein kleines Stück auf der Waldroute. Wo die Elbroute kreuzt, dem Segelschiff-Piktogramm folgen.

Für viele der schönste von allen: der Strand von Wittenbergen.

KM 39

6 Blankenese

Absacker mit Uwe

Es gibt mehrere gute Gründe, kurz vor Ende dieser Tour noch eine ausgedehnte Pause einzulegen. Erstens der Blankeneser Beach, zweitens Fischbrötchen von der Kajüte SB 12 (www.kajuetesb12.de), drittens gehört es zu einer gelungenen Hamburger Biografie dazu, einmal im Leben den Schiffswracks Polstjernan und Uwe beim Sonnenuntergang zuzuprosten. Alkoholfreie Sundowner sind dabei klar die bessere Variante. Denn der vierte Grund für den letzten Stopp ist die letzte Etappe. Sie führt über den Waseberg, mit 8,7 Prozent Gefälle der Anstieg aller Anstiege von Hamburg. Da darf man zuvor gern länger Kraft sammeln.

Hoch da: Falkensteiner Weg, Waseberg, Richard-Dehmel-Straße. Dann auf der Blankeneser Landstraße bis zum Bahnhof ausrollen lassen.

KM 42 » ZIEL

Bahnhof Blankenese

UWE SIEHT MAN IMMER, DIE POLSTJERNAN NUR BEI EBBE

Hamburgs liebstes Wrack liegt seit 1976 vor Blankenese.

Tävsmoor/Haselauer Moor
Butendiek
Holmau
Neuer Koog
B 431
VORSICHT, TIEFFLIEGENDE GOLFBÄLLE
Grabhügel
Lanner
3 Holmer Sandberge
Catharinenhof
4 Feuerlöschteich
FFH-Gebiet Holmer Sandberge und Buttermoor
Bullenflut
Haideh
Idenburg
Hetlinger Binnenelbe
Giesensand
MOORWEGSIEDLUNG
MARIENHOF
LÜLANDEN
Hatzburg
Wedeler Au
ALTSTADT
Haseldorfer Binnenelbe mit Elbvorland
Wedel
SCHULAU OST
SCHULAU WEST
Riedemanns Park
elblinien
Tonnenhafen Wedel
FAST-WIE-AM-MEER-BLICK
ELBHOCHUFER
Lühe-Schulau-Fähre
helgoline elblinien
Schleswig-Holstein
Niedersachsen
N
0
1
2 KM

AUF EINEN BLICK

- **Start:** Bahnhof Sülldorf (31 Min. ab Hamburg Hauptbahnhof, 19 Min. ab Hamburg Altona)
- **Ziel:** Bahnhof Blankenese (25 Min. bis Hamburg Hauptbahnhof, 13 Min. bis Hamburg Altona)
- **Strecke/reine Radelzeit:** 42 km (Streckentour), 3 Std. 30
- **Höhenmeter:** ↗ 93 m, ↘ 37 m
- **Wegbeschaffenheit:** Feldwege, Waldwege, asphaltierte Abschnitte und manchmal holpert es auch ein bisschen.
- **Beste Zeit:** Frühling bis Herbst.
- **Mitnehmen:** Picknick, Badelaken, Mückenschutz und ordentlich Puste.

DIE RADELPAUSEN

» START
Landungsbrücken

KM 0
1 Anleger Teufelsbrück
Freu Dich, Du bist im Urlaub

KM 0,5
2 Jenischpark
Klassischer Kameratest

KM 2,5
3 Loki-Schmidt-Garten
Reise um die Welt

20

TOUR ZUR WELT

Auf dem Grünen Ring von Teufelsbrück nach Ohlsdorf

Der Grüne Ring ist die längste der Freizeitrouten – ein 100 Kilometer langes Parkvergnügen rund um die schönste aller Städte zwischen Alster und Elbe. Hier fühlt sich Hamburg wie Urlaub an, ganz besonders, wenn man sich wirklich einen Urlaubstag gönnt.

KM 7
4 Volkspark
Andere Gärten, andere Speisen

KM 14,5
5 Niendorfer Gehege
Tierbeobachtungen

KM 24
6 Garten der Frauen
Endlich mal in Ruhe lesen

KM 25,5 » ZIEL
Bahnhof Ohlsdorf

GLÜCKLICH, WER NICHT AN DER ELBCHAUSSEE LEBT, ...

» ... sonst wäre es ja überhaupt keine große Sache, hinzufahren. Beziehungsweise zu schaukeln. Denn diese Tour beginnt mit einer Schiffspartie von den **Landungsbrücken** nach **Teufelsbrück**. Allein dafür lohnt es sich schon, einen Urlaubstag einzureichen. Und ihn in vollen Zügen zu genießen. Unter der Woche sind die **Parks** weitaus weniger besucht als am Wochenende. Zwar geht es auf den Straßen dazwischen wochentags stressiger zu. Allzu oft kommt man mit dem Verkehr aber gar nicht in Berührung. Wenn doch, ist die Erleichterung beim Erreichen der nächsten Oase umso größer. Und umso mehr versteht man den Wert der Grünanlagen für die Stadt.

DER GANZE KÖRPER ENTSPANNT SICH, WENN VERKEHRSLÄRM VON VOGELGEZWITSCHER ABGELÖST WIRD

Der ganze Körper entspannt sich, wenn Motorengebrumm von Vogelgezwitscher abgelöst wird. Wenn man von der Hitze der Großstadt in kühlende Schatten wechselt oder in den Duft frischgemähter Wiesen eintaucht. Nicht selten hat man dabei das Gefühl, ganz weit weg zu sein. Irgendwo auf dem Land.

Dabei entfernt sich der zweite Grüne Ring gar nicht mal weit von der City. Im Abstand von acht bis zehn Kilometern zirkelt er sich um das Rathaus. Die insgesamt 100 Kilometer sind in acht Etappen eingeteilt und allesamt mit dem ÖPNV zu erreichen. So kann man ganz spontan entscheiden, wie lang der Ausflug ausfallen soll. Das ist weniger eine Frage der Entfernung als der Abstecher. Man findet die empfehlenswerten Exkurse auf den weiß-roten Wegweisern ebenso wie im Netz unter www.hamburg.de (> Eingabe im Suchfeld: Tourenvorschläge »Grüner Ring«).

Hamburg besteht zur Hälfte aus Grün. Auf dieser Tour durch **Flottbek, Altona, Stellingen** und **Niendorf** lernt man nicht nur, das zu glauben, sondern auch die grünen Winkel von **Fuhlsbüttel, Alsterdorf und Ohlsdorf** zu lieben. Nebenbei erfährt man auch viel über Fauna, Flora, Stadtgeschichte und die Menschen, die heute hier leben. Ob Kulturtrip, soziologische Exkursion, Wellnessreise oder Aktivferien, entscheidet die Stimmung. Und so soll das im Urlaub ja sein. «

Der Grüne Ring eignet sich
bestens als Solo-Abenteuer ...

... lädt jederzeit zu ausgedehnten Pausen ein ...

... und ist auch mit Kindern
ein großes Vergnügen.

RADELN & GENIEẞEN

START
Landungsbrücken

Von der Fähre rollen, Rad oben am Anleger anschließen und runter an den Strand laufen.

KURZ HINTER CHINA SCHMIEGT SICH JAPAN AN NORDAMERIKA

KM 0

1 Anleger Teufelsbrück

Freu Dich, Du bist im Urlaub

Als erstes geht es ab an den Strand.

Egal, wie oft man verreist, es bleibt immer ein ganz besonderer Moment, wenn es endlich die Gangway runtergeht. Die Luft ist warm. Die Sonne scheint. Hallo, Urlaub, da bin ich! Glücklicher macht vielleicht nur noch der ersten Strandbesuch. In Teufelsbrück hat man gleich beides auf einmal. Dazu noch dieses innerliche Hach, das Hamburger:innen grundsätzlich fühlen, wenn sie die Elbvororte erreichen. So, als sei es ein Privileg, in der Hansestadt zu leben. Und im Grunde ist es das ja auch. Das wird im Laufe der Tour noch häufiger klar. Und nicht nur bei Kilometer 0 lohnt es sich, die Freude intensiv auszukosten.

Der Grüne Ring ist mit einer weißen 11 auf grünem Grund gut markiert. Für den ersten Abstecher lohnt sich beinahe nicht, das Rad mitzunehmen, der Eingang zum Jenischpark liegt rechter Hand an der Elbchaussee.

Für den Loki-Schmidt-Garten sollte man eine gute Stunde einplanen.

KM 0,5

2 Jenischpark
Klassischer Kameratest

Ob mit Smartphone, Monsterobjektiv oder nur in Gedanken: Die besten Erinnerungsbilder entstehen, wenn man sich zu Beginn des persönlichen Instawalks mit den Lichtverhältnissen vertraut macht. Das klappt ganz prima beim ersten Umweg in den schönsten englischen Landschaftsgarten von allen. Beim Eingang gegenüber der Skulptur von Teufel & Hase geht es in den Jenischpark und dann im Uhrzeigersinn über Eierhütte, Jenischhaus und Knüppelbrücke zurück zum Ausganspunkt. Danach hat man nicht nur vier klassische Motive im Kasten, sondern auch zwei Kilometer auf dem Schrittzähler.

Der ausgewiesenen Route durch Westerpark und Wesselhöftpark folgen. Jenseits der Unterführung des S-Bahnhofs Klein Flottbek ist der Eingang zum Loki-Schmidt-Garten schon zu sehen.

KM 2,5

3 Loki-Schmidt-Garten
Reise um die Welt

Von den Karpaten über die Pyrenäen in den Kaukasus, von pazifischen Regenwäldern in atlantische Laubwälder, von den Alpen in die Appalachen, durch Steppen, Wüsten und Halbwüsten, in Sumpflandschaften und Hochmoore – eine Runde durch den botanischen Garten führt flott gegangen in etwa einer halben Stunde durch alle Klimazonen. Wer sich an dem unendlichen Reichtum der Natur so richtig erfreuen kann, sollte einige Zeit mehr einplanen. Es gibt etliche Themengärten wie Tast-, Duft-, Apotheker- und Bibelgarten, Gewächshäuser und kleine thematische Ausstellungen zu bewundern.

Um keinen der Wegweiser zum Lise-Meitner-Park zu übersehen, braucht es ein wenig Konzentration. Beim Volkspark angekommen, liegt der Dahliengarten gleich rechts.

Der ehemalige Landsitz der Familie Jenisch.

Die Außenstelle der Draußenküche vom Ottensener Biomarkt.

KM 7

4 Volkspark

Andere Gärten, andere Speisen

Selbst wer normalerweise allerstrengstens auf die Linie achtet, findet im Urlaub zur natürlichen Form der Ernährung zurück. Auf Reisen gehört das schließlich zur Kultur. Im C'est si bon, dem Kiosk am Dahliengarten, gilt das sogar doppelt und dreifach. Hier ist vom Naschi-to-go bis zur Pasta mit Rucola-Sonnenblumen-Pesto alles bio, fair und köstlich: selbst gebackene Torten, Käse- und Obstkuchen-Variationen, Puffer, Waffeln, und eine eigene Eiskarte gibt's auch. Einen Webauftritt allerdings nicht. Über Google Maps erfährt man, wann geöffnet ist.

Solange die A 7 noch nicht fix und fertig überdeckelt ist, kann sich die Wegführung über die Autobahn immer mal wieder ändern. Die Ausschilderung wird (meist!) angepasst.

KM 14,5

5 Niendorfer Gehege

Tierbeobachtungen

Amsinck, Godeffroy, von Schinckel oder Berenberg-Gossler. Im heutigen Erholungswald zog sich das Who's who der Hansestadt schon vor Urzeiten in die Sommerfrische zurück. Zum Ausgleich für den Bau von Megavillen mussten die Superreichen Flächen aufforsten. So punktet das Niendorfer Gehege heute mit über 200 Jahre altem Baumbestand. Herzstück ist das Gehege bei der Revierförsterei. Hier lässt sich das Damwild von einer hölzernen Plattform beobachten. Aber bitte nicht füttern. Es bekommt den Tieren absolut nicht.

Der Ausschilderung bis zum Ohlsdorfer Friedhof folgen. Links der Cordesallee, kurz hinter dem Wasserturm, liegt der Garten der Frauen.

Im Wildgehege lassen sich Hirsche, Rehe und manchmal auch Füchse beobachten.

KM 24

6 Garten der Frauen
Endlich mal in Ruhe lesen

Die großen Ringbücher aus Aluminium in einer versteckten Ecke des Friedhofs sind echte Pageturner. Sie berichten von Hamburgerinnen, die sich für das Allgemeinwohl engagierten, pädagogisch betätigten, Widerstand gegen das NS-Regime leisteten, Kunst und Kultur bereicherten, Stadtgeschichte(n) schrieben. Oft genug und trotz ihrer Verdienste hat man ihre Namen noch nie zuvor gehört. Eben das will der Garten der Frauen ändern (www.garten-der-frauen.de). Publikationen mit ausführlicheren Biografien liegen an der Märchenbank und im kleinen Gewächshaus aus. Der Garten der Frauen erstreckt sich hinter Hecken an der Südallee, gleich hinter dem schönen Wasserturm von 1898.

Zurück wie gekommen – der Bahnhof ist vom Haupteingang aus zu sehen.

EXTRA INFOS:

Waterkant Kaffee und Petit Fours mit Ankern drauf. An den Cafés, Bistros und Restaurants von ● **Schmidt & Schmidtchen** (schmidt-und-schmidtchen.de) kommt man in Hamburg schlecht vorbei. So auch im Jenischpark, Jenischhaus und Loki-Schmidt-Garten.

Das rote Blockhaus vom ● **Waldcafé Corell** im Niendorfer Gehege ist ein echter Ausflugs-Klassiker (waldcafe-corell.de). Auf der Saisonkarten stehen im Frühling Spargel, im Sommer Pfifferlinge und im Winter Gänsebraten.

Im ● **Café Fritz** (cafefritz-hamburg.de) auf dem Ohlsdorfer Friedhof wird geheiratet und Abschied genommen, gefeiert und genossen. Etwa Torte aus der Hauskonditorei oder Currywurst mit Bier.

KM 25,5 » ZIEL
Bahnhof Ohlsdorf

Kein Ort der Stadt bewahrt mehr Geschichte(n) als Ohlsdorf.

DER GRÖSSTE PARKFRIEDHOF DER WELT

Halstenbek
A 23
Hamburg
A 7
Sellhoop
Grothwisch
Ruhmdehlen
Wildgehege Niendorf
5
Waldcafé Corell
Eidelstedter Feldmark
Köberbusch
Walachei
EIDELSTEDTS GRÜNE SEITE
EIDELSTEDT
Schenefeld
L 103
STELLINGEN
Stellinger Feldmark
Bornwisch
Borndieck
LURUP
Bornmoor
Borndieck
Schmale Weiden
Friedhof Altona
Achtern Born
Achtern Hoorst
Kater Wohrd
Stiegkamp
4
Kiosk am Volkspark
Wohrd
Stiegacker
ISERBROOK
Förste Wischen
Ehemaliger Schießplatz
EIMSBÜTTEL
OSDORF
ZURÜCK IN DIE NATUR
BAHRENFELD
Goldschmidtpark
KIRSCHBLÜTENSCHLEIER UND BUTTERBLUMENKISSEN
GROSS FLOTTBEK
Klein Flottbek
A 7
ALTONA NORD
Schmidt & Schmidtchen
3
Loki-Schmidt-Garten
OTHMARSCHEN
OTTENSEN
Kirchenwald
NIENSTEDTEN
Anleger Teufelsbrück
1
2
Jenisch Park
Schmidt & Schmidtchen
START
Landungsbrücken
ALTONA
N
0
1
2 KM
Seemannshöft
Athabaskahöft
Köhlbrandhöft
Köhlbrand
Parkhafen
Maakenwerder Höft
Parkhöft
Waltershofer Höft

AUF EINEN BLICK

- **Start:** Fähranleger Teufelsbrück (ca. 45 Min. ab Landungsbrücken)
- **Ziel:** Bahnhof Ohlsdorf (17 Min. bis Hamburg Hauptbahnhof)
- **Strecke/reine Radelzeit:** 25,5 km (Streckentour), 2 Std.
- **Höhenmeter:** ↗ 61 m, ↘ 29 m
- **Wegbeschaffenheit:** In Grünanlagen meist gut befahrbare Sandwege, zwischen den Parks ein wenig Asphalt.
- **Beste Zeit:** Früher Frühling bis später Herbst – Parks haben fast immer was zu bieten.
- **Mitnehmen:** Smartphone zum Fotografieren, um durch Baustellen zu navigieren und für etliche QR-Codes mit spannenden Infos.

Auch noch ganz nützlich

ORTSREGISTER

IMPRESSUM

» **Text:**
Stefanie Sohr
» **Cover- und Buchgestaltung:**
Carolin Weidemann, Köln, www.weidemann-design.com
» **Lektorat & Produktion:**
Verlagsbüro Wais & Partner, Stuttgart, www.wais-und-partner.de
» **Fotos:**
Titelfoto: Gregor Lengler/laif; Fotos Innenteil: Stefanie Sohr
» **Kartografie:**
© KOMPASS-Karten GmbH, kompass.de unter Verwendung von © OpenStreetMap Contributors, osm.org/copyright
» **S. 222 / 223:**
Marie Geißler (Illustration), Jens Bey (Text)

Printed in Poland

1. Auflage 2023

ISBN 978-3-616-03197-2

www.dumontreise.de

MIX
Paper from responsible sources
FSC® C139602
www.fsc.org

RECHTS ODER LINKS? IMMER WISSEN, WO'S LANGGEHT!

» **TOURENVERLAUF**
GPX-Daten zum kostenlosen Download
www.dumontreise.de/radelzeit/hamburg

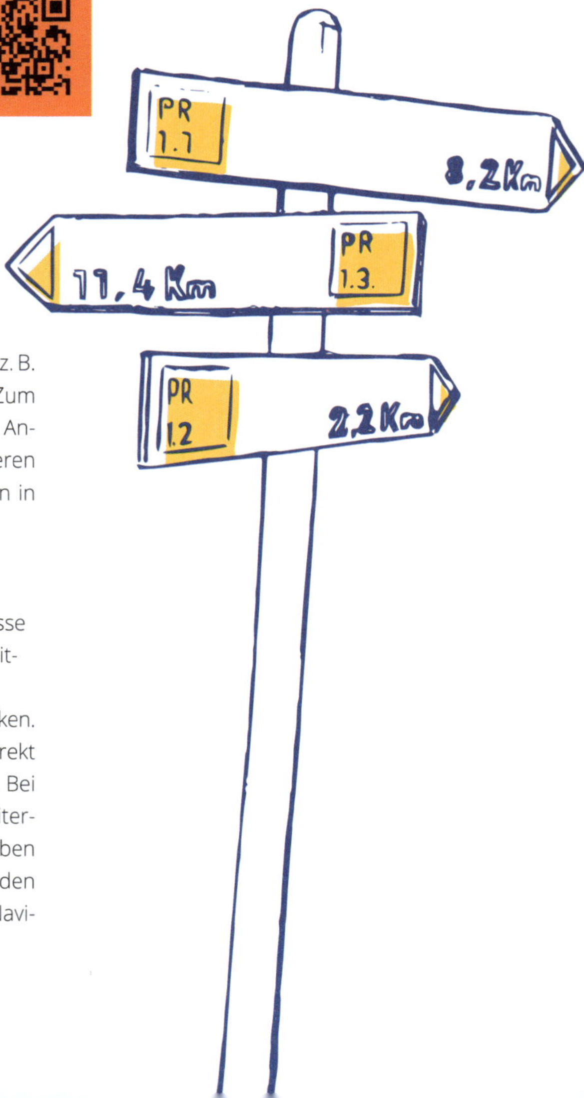

GPX-DOWNLOAD AUFS SMARTPHONE – SO GEHT'S

» **Voraussetzung:**
Eine Outdoor-App muss installiert sein, z. B. KOMPASS, Outdooractive oder Komoot. Zum Einlesen des QR-Codes benötigen ältere Android-Geräte eine QR-Code-App. Bei neueren Android- und iOS-Geräten ist diese Funktion in der Kamera integriert.

» **Daten downloaden:**
1. Den QR-Code einlesen oder die Webadresse im Browser eingeben, um auf die Radelzeit-Website zu gelangen.
2. Die gewünschte Tour zum Download anklicken.
3. Bei iOS-Geräten werden die GPX-Daten direkt mit der vorab installierten App verknüpft. Bei Android-Geräten muss ggf. noch eine Weiterleiten-Button geklickt werden (z. B. oben rechts im Display). Manche Apps zeigen den Tourverlauf starr an, andere haben eine Navigationsfunktion dabei.

WEITERRADELN ...

ISBN 978-3-616-03199-6

ISBN 978-3-616-03195-8

ISBN 978-3-616-03189-7

ISBN 978-3-616-03196-5

ISBN 978-3-616-03188-0

YOGA FÜR DAVOR UND DANACH

SCHMETTERLING

» Setze dich auf den Boden und lege die Unterseiten deiner Füße aneinander, indem du die Knie nach außen fallen lässt. Nun langsam, ohne viel Kraft, nach vorne lehnen und die Füße mit den Händen umschließen. Entspannt drei Minuten in der Position bleiben, langsam und tief durch die Nase ein- und ausatmen. Um die Übung zu verlassen, die Hände neben bzw. hinter den Körper legen, langsam ein Bein nach dem anderen ausstrecken und nach vorne bringen.

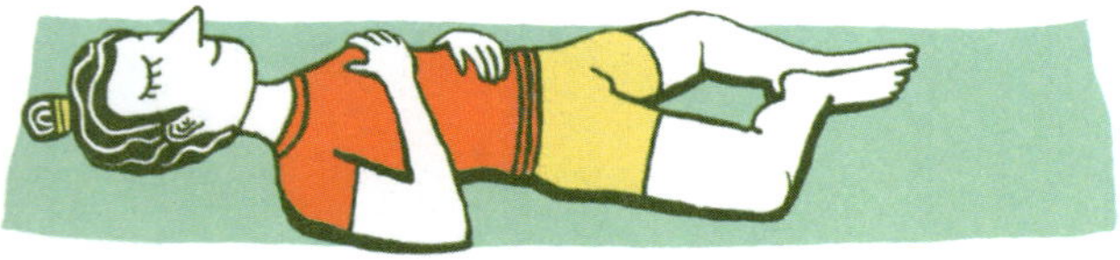

HÖR AUF DEIN HERZ

» Lege dich rücklings auf den Boden, ziehe die Knie an und stelle die Füße flach auf den Boden. Lass jetzt die Knie zur Seite fallen und bring die Fußsohlen zusammen. Lege eine Hand auf deinen Bauch und eine Hand in die Nähe deines Herzens. Schließe deine Augen, atme tief ein und aus und halte die Position mindestens 30 Sekunden lang.

KATZENBUCKEL

» Gehe auf alle viere, die Knie direkt unter der Hüfte. Handgelenke, Ellenbogen und Schultern liegen auf einer geraden Linie, die Arme sind gestreckt, der Kopf in Verlängerung des Rückens mit Blick nach unten. Mache mit dem Ausatmen den Rücken rund, der Kopf geht Richtung Boden, wird aber nicht auf die Brust gepresst. Während des Einatmens wandert dein Bauchnabel in Richtung Boden, hebe gleichzeitig den Kopf. Wiederhole die Übung mehrmals.

ZURÜCKGELEHNT

» Knie dich auf den Boden, mit den Oberseiten deiner Füße auf dem Boden. Bring die Knie zusammen, dein Gesäß geht langsam zum Boden, deine Füße rutschen zur Seite und kommen neben deinen Hüften zu liegen. Schiebe mit den Händen deine Oberschenkel nach innen, lehne dich zurück auf deine Unterarme und lege den Oberkörper langsam ab. Halte die Position für mindestens 30 Sekunden.

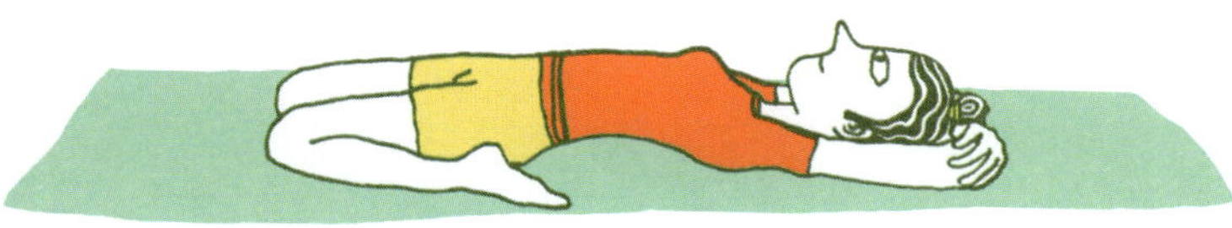

DIE PERFEKTE TOUR ...

#FÜRSONNENHUNGRIGE

Als Faustregel gilt: Keine Variante des Elberadwegs hat Schattenseiten. Geht's entlang beider Ufer, kann man den Sonn-Tag sogar nach ihrem Lauf ausrichten.

» **TOUR 10, S. 104**

#FÜRNEUGIERIGE

Jedes Kind in Hamburg weiß, dass es sich beim Alten Land um eines der wichtigsten Obstanbaugebiete Europas handelt. Wie viel Arbeit dahinter steckt, verrät

» **TOUR 12, S. 124**

#FÜRWASSERRATTEN

Wer jeden See einem Badetest unterziehen will, kommt irgendwann mit dem Zählen nicht mehr hinterher und aus dem Wasser so gut wie gar nicht mehr raus.

» **TOUR 7, S. 74**

#FÜRLECKERMÄULER

Gute Zutaten brauchen gutes Geld. Erstere gibt's in den Walddörfern reichlich. Was aber nicht bedeutet, dass die empfohlenen Lokale überteuert wären.

» **TOUR 3, S. 34**

#FÜRFAULE

Als Faustegel gilt: Alle Varianten des Elberadweges sind leicht. Bei der leichtesten kommt man noch nicht mal in Verlegenheit, eine Abzweigung zu verpassen.

» **TOUR 18, S. 184**